伊吹文明　二階俊博　河村建夫　林幹雄　平沢勝栄　今村雅弘　山本拓　金田勝年　桜田義孝　江崎鐵磨　福井照　細野豪志　吉川貴盛　山口壯　谷公一　武田良太　小泉龍司

志《し》帥《すい》会《かい》の

長島昭久　鷲尾英一郎　佐藤ゆかり　伊藤忠彦　松本洋平　伊東良孝　宮内秀樹　門博文　武部新　大岡敏孝　小林鷹之　勝俣孝明　小倉將信　神谷昇　岡下昌平　小林茂樹　鳩山二郎

挑《ちょう》戦《せん》

MORITA Minoru
森田 実

小寺裕雄　泉田裕彦　繁本護　中曽根康隆　出畑実　西川公也　中曽根弘文　衛藤晟一　鶴保庸介　片山さつき　三木亨　進藤金日子　宮崎雅夫　岩本剛人　清水真人

論創社

まえがき——「志は気の帥なり」

「政を為すは人にあり」——孔子の言葉である。

政治は、政治を担う人物の価値によって決まる、という意味である。善の心とすぐれた才能と高い徳性を共に持つ者が政治を担えば、人民大衆はその政治に期待を持つことができる。しかし、逆の場合は政治が乱れ世が乱れる。政治の価値は、政治を担う人物の人柄と能力によって決まるのである。

志帥《しすい》会の指導者は、現会長の二階俊博自由民主党幹事長と伊吹文明元衆議院議長である。ともに、人格、見識とともに、現在の日本政界においては、最も優れた指導的政治家である。政治集団の価値は、その集団の指導者の価値によっても決まる。良き指導者のもとには、良き構成員が集い、優れた集団を構築するからである。この意味で、志帥会は、自由民主党だけでなく、日本政界全体のなかで、もっともすぐれた政治家集団である。

「政治の目的は善が為し易く、悪の為し難い社会をつくることにあり」――十九世紀イギリスの自由主義政治家・グラッドストーンの言葉である。

政治を行う者は、根本精神において「善」の担い手でなければならない。

志帥会のリーダーの二階幹事長、伊吹元衆院議長の両氏は「善」そのものの政治指導者である。二階、伊吹両氏を師と仰ぐ志帥会の全メンバーは「善」の追求者である。志帥会は善なる政治家の政治集団である。全メンバーが「善が為し易く、悪の為し難い社会」をつくるために、命を懸けて努力している。私は、この信念のもとに本書を執筆・編集する。

「自《みずか》ら反《かえり》みて縮《なお》くんば、千万人と雖《いえど》も吾《われ》征《ゆ》かん［自反而縮雖千萬人吾征矣］」――孟子の言葉である。

自ら反省して自分が正しいと確信したら、たとえ相手が一千万人いても勇気をもって前進しなければならない。これが政治家の生き方である。

志帥会は、「志」と「気骨」と「明確な目的意識」をあわせ持つ政治家の同志的集団である。政治は偉大な社会的事業であり、すぐれた政治家のチームが担うべき仕事である。

志帥会の政治家は、表面的な世間の評判を求めることなく、信念に生きている。自己犠牲の精神をもって日夜、国民一人一人の幸せのために努力している。政治上の成果は、それを求める者に提供し、自らは「縁の下の支えの役割」を喜んで果たす「ナンバー2」型政治家の集団である。

政治家は高い道義心をもって国民の幸福と世界平和のために尽くす指導性をもつ働き手でなければならない。志帥会は、全政治家の模範となって最善の努力を惜しまない政治家の集団でなければならない。

本書は、その志帥会を構成する一人一人に焦点を当て、それぞれの人となりを多くの読者に紹介したいと願い、同時に長年の友人である平沢勝栄事務総長の篤き友情に応えるべく本書の執筆・編集に取り組む。登場願った諸氏については、私なりの観察と分析を試みた。本書のすべての内容については、執筆・編集を行った森田実の責任である。

志帥会の「最高善（世界平和と人類の幸福）」実現への挑戦に、私は強く期待して、本書の執筆・編集作業を始める。

読者諸兄姉におかれては、本書に登場する志帥会の一人一人が、どのような政治活動を今後展開していくか、大いに注目し、そして、支持・支援していただければ幸いである。

いま、世界は未曾有の大難に直面している。日本国民もまた、歴史的な国難のさなかにある。世界と日本に迫る諸々の苦難を克服し、人類の幸福を守り抜く力を持つのは、政治のみである。政治以外に、今の国難を打破する力と権能を持つ社会的存在はない。政治家の責任は果てしなく大きい。

志ある政治家集団である志帥会が日本政治の原動力となって、よりよい社会を創りだし、世界平和に大きく貢献することを願う。志帥会の御健闘を祈る。

令和二（二〇二〇）年六月吉日

森　田　実

志《し》帥《すい》会《かい》の挑《ちょう》戦《せん》

目　次

まえがき……1

伊吹文明（いぶき・ぶんめい）……1
志帥会の精神的支柱にして、日本政界の良心というべき重鎮
危機の時代における政治の責任と役割
自民党最年長者の慧眼に着目すべきである

二階俊博（にかい・としひろ）……7
『二階俊博幹事長論』（森田実著）の要旨
二階俊博の政治家としてのルーツ
最側近の見る「二階俊博像」

河村建夫（かわむら・たけお）……13
父の跡をついで県議となり衆議院議員として活躍
円満な人格者で誰からも好かれる天才的調整役
自公連立政権の要の重要な役割を持つキーマン

林　幹雄（はやし・もとお）……19
二階俊博幹事長を支え続ける名コンサートマスターである
ベテラン政治家として抜群の実績をあげ続けてきた
温和ななかに強い意志をもち人々に温かい視線を送る

平沢勝栄（ひらさわ・かつえい）……25
切れ味鋭い理論家にして志帥会の中心的な存在である
庶民への気配りが万全で人情味あふれる政治家「平沢勝栄」
明快な政治姿勢は田中角栄と後藤田正晴に学んだ

今村雅弘（いまむら・まさひろ）……31
次々新機軸を打ち出しJR九州を飛翔させた
チャレンジ精神で乗り越えてきた政治家人生
国力アップと足腰の強い国土強靭化がライフワーク

山本拓（やまもと・たく）……37
地元に根付き地方議員からベテラン衆議院議員に
わが道を行く政治家・山本拓
これからも山本拓は国民目線でわが道を行く

金田勝年（かねだ・かつとし）……43
会長の二階俊博に惚れて志帥会入りを決めた
竹下登、渡辺美智雄に見いだされて政界へ
荒波に正面から立ち向かう20年余の政治人生

桜田義孝（さくらだ・よしたか）……49
農家に生まれ苦学して事業を起ち上げ、政治家の道へ
五十年間も保守系代議士が存在しなかった地で衆議院議員に
強い郷土愛で地域振興に取り組み地元では絶大な信頼がある

江崎鐵磨（えさき・てつま）……55
数々の政局を潜り抜けてきた当選7回の重鎮
初当選以来、二階俊博と行動をともにしてきた
大臣病とは無縁な政治的野心のない反骨の人

福井照（ふくい・てる）……61
二階俊博幹事長の懐刀と呼ばれる政策通が緊急メッセージを
Withコロナ時代の日本のあり方
福井照の提案する「出口戦略」とは

細野豪志（ほその・ごうし）……67
大きな話題となった細野豪志の志師会への参加
細野豪志の志師会入会が自由民主党に与えたインパクトは大きい
実力大型政治家としての将来に期待する

吉川貴盛（よしかわ・たかもり）……73
北海道で育ち北海道議会議員として政治の世界に入った
農林水産大臣として初入閣し活躍
ふるさと北海道を力強い食料基地にしたい

山口壯（やまぐち・つよし）……79
外交官から衆議院議員に転身したエリートだが庶民感覚を身に着けた苦労人
「部落差別の解消の推進に関する法律」の議員立法に尽力した
スケールの大きい国際的視野からの外交政策立案能力に期待する

谷公一（たに・こういち）……85
阪神・淡路大震災の経験が政治家としての基盤となった
広い選挙区をひたすら現場第一主義で回っている
地域の偉人「齋藤隆夫」を深く尊敬し敬愛している

武田良太（たけだ・りょうた）……91
危機管理の第一線で将来を見すえた大事業に取り組む
新型コロナウィルス感染症は新たな国土強靭化の構築が求められる
志帥会で培った大局的視点からの発想と的確な政策実現

小泉龍司（こいずみ・りゅうじ）……97
米国留学中に「アメリカ社会の分断」を痛感して政界へ
豊かな自然と優れた知的風土が小泉龍司を育んだ
「凡事徹底」を座右の銘とする実直な人柄

長島昭久（ながしま・あきひさ）……103
若き日に国際政治への強い関心を抱いて学びを深めた
いても立ってもいられずに日本に戻り政治の世界にチャレンジした
自由民主党に加わり志帥会の一員として大きく飛躍してほしい

鷲尾英一郎（わしお・えいいちろう）……109
念願の国会議員となり5期連続で議席を得る
二階俊博から声をかけられ志帥会に入会
草の根の政治で地方が抱える課題を克服する

佐藤ゆかり（さとう・ゆかり）……115
金融経済学の専門家として政界に招かれた
チャレンジャーとして数々の政治実績を積む
万民繁栄の基盤創りが佐藤の政治信念

伊藤忠彦（いとう・ただひこ）……121
人々の幸せを実現できる政治家になりたいと決意
政治家は信頼が命だという二階の言葉の重さ
政治は自分のためでなく公のためにするもの

松本洋平（まつもと・ようへい）……127
都市銀行勤務を経て政治の世界に入る
2005年32歳で衆議院議員に初当選した
熟慮の末、政治の師匠を求めて志帥会に入る

伊東良孝（いとう・よしたか）……133
政治の世界へは故・中川一郎との縁から
北海道小選挙区で議席を得たのは伊東一人だけ
北海道の水産業の振興に注力することを誓う

宮内秀樹（みやうち・ひでき）……139
明朗快活でフットワークがすばらしい衆議院議員
25年間にわたって秘書を経験して政治を学んだ
貴重な議員秘書体験を活かし政治家として大成してほしい

門博文（かど・ひろふみ）……145
松下幸之助イズムを胸に社会貢献から政治を目指す
和歌山を政治の力で立て直し凋落から救いたい
未来に向けて備えるのが政治家たる者の役目

武部新（たけべ・あらた）……151
政治家になることを決意させた金融恐慌騒動
郵政解散で目撃した二階俊博と武部勤の突破力
「信なくば立たず」で政界の王道を邁進する

大岡敏孝（おおおか・としたか）……157
一般企業サラリーマンを経て地方議会議員を務めた
3回めの公募で強力なライバルがいた滋賀1区からの立候補を果たす
志帥会には河村建夫の勧めで入会した

小林鷹之（こばやし・たかゆき）……163
政局の混迷を機に財務官僚から政治家に転身
坂本龍馬の視点の高さと行動力を尊敬する
地盤沈下する日本を導くため政治活動に邁進

勝俣孝明（かつまた・たかあき）……169
同郷の有望政治家に親しみと大いなる可能性を感じている
ごく普通の銀行員から衆議院議員をめざした
候補者公募に参加して衆議院議員をめざすことに

小倉將信（おぐら・まさのぶ）……175
日本銀行勤務を経て公募に応じて政界へ
志帥会で鍛えられながら衆議院議員として成長しつつある
将来に向けての諸課題に積極的に臨んでいる

神谷 昇（かみたに・のぼる）……181
地域の疲弊を座して見ていられないと立候補
関西圏を浮上させる神谷の壮大なビジョン
二階俊博の哲学と政治手腕に学んで成長していきたい

岡下昌平（おかした・しょうへい）……187
大蔵官僚の父から学んだ公僕としての矜持
かつての善き派閥の伝統を色濃く残す志帥会
コロナ禍を乗り越え「真の観光立国化」を再び推進するために

小林茂樹（こばやし・しげき）……193
自民に不利な選挙区で勝ち抜いた若手のホープ
人間性豊かで自由闊達な空気に惹かれて志帥会に入会
日本の教育制度を根本から変えていきたい

鳩山二郎（はとやま・じろう）……199
政界の名門・鳩山家の継承者ゆえの苦労もしている
政治家人生のスタートは福岡県大川市長だった
父の流れとは異なる志帥会に加わる

小寺裕雄（こでら・ひろお）……205
周囲にたまたま担がれて入った政治の世界
ライフワークの農業振興で過疎化対策に取り組む
目指す政治家は田中角栄と二階俊博

泉田裕彦（いずみだ・ひろひこ）……211
新潟県知事12年の実績を積み上げ国政に参入
前任者の派閥を受け継ぐかたちで志帥会に入会
田中角栄の旧地盤でその偉大さを改めて確信

繁本　護（しげもと・まもる）……217
国土交通省の官僚として国づくりに励んだ
釧路に転勤となり国土交通行政の第一線で働く
国会議員秘書を経て衆議院議員選挙に挑戦

中曽根康隆（なかそね・やすたか）……223
政治家一家に生まれたが故の苦労もしている
明確な政治課題を定め持続可能な国づくりをめざす
中曽根家三代――動の初代＝康弘・静の二代目＝弘文・激動の三代目＝康隆

出畑　実（てばた・みのる）……229
全衆議院議員のなかで最もフレッシュな国民目線の議員が誕生
政治家育成機能を存分に発揮している志帥会
自由民主党は平均的な国民意識に近づきつつある

西川公也（にしかわ・こうや）……235
交渉の達人として難題TPPを成功に導く
交渉ごとの舞台裏で発揮された西川の知略
中国への農産物輸出入交渉に全力で邁進中

中曽根弘文（なかそね・ひろふみ）……241
長年にわたって国政の第一線で働きつづけている
日本政界最高の紳士
保守政治家の不屈の楽天主義

衛藤晟一（えとう・せいいち）……247
人の役にたつ人間になりたいと政治を志す
実力政治家として着実に仕事を実践し、現在は大臣として活躍
総合的な少子化対策に取り組む

鶴保庸介（つるほ・ようすけ）……253
沖縄返還に尽力した若泉敬から託された思い
課題に向かって全力でぶつかり続けた20年余
規制や慣例に縛られている現状を打破したい

片山さつき（かたやま・さつき）……259
財務官僚から政界に進出するが道は険しかった
初入閣を果たし大臣として実力を発揮
女性政治家のトップランナーとして大活躍の可能性がある

三木亨（みき・とおる）……265
国政参加は育ててもらった地元徳島への恩返し
豊臣秀長のようにスーパー黒衣を目指したい
等身大の政治を語り本質を見抜く眼力がある

進藤金日子（しんどう・かねひこ）……271
住んでいた農村で土地改良の劇的効果を体験
土地改良事業団体を代表して国会議員になる
食料の安全保障の確立に政治生命をかけたい

宮崎雅夫（みやざき・まさお）……277
農業振興の期待を担う土地改良事業のプロ
農業農村の抜本的再建なくして明日の日本はない
沖縄県知事だった島田叡に政治家の覚悟を学ぶ

岩本剛人（いわもと・つよひと）……283
あえぐ北海道の再生のために乾坤一擲の出馬
地道な努力を重ねて「北海道時代」を築きたい
誠実で謙虚な人柄が人々の信頼を勝ち得た

清水真人（しみず・まさと）……289
初戦でいきなり選挙強さを発揮した強力新人として国政に
国土強靭化を二階に学び郷土の強靭化を担っていきたい
人々の声を地道に聞いてまわり中央に届ける

あとがき……295

志帥会《しすいかい》の挑戦《ちょうせん》

伊吹文明

いぶき・ぶんめい

昭和13年京都市に生まれる。生家は文久年間創業の繊維問屋。昭和35年京都大学経済学部を卒業。大蔵省（現財務省）へ。在英大使館書記官、渡辺美智雄大蔵大臣秘書官を最後に退官。昭和58年総選挙で京都1区より初出馬、トップ当選。以降連続当選12回。党では自民党幹事長、政権構想会議座長等を歴任。平成24年に衆議院議長。内閣では、労働大臣、国家公安委員長、文部科学大臣、財務大臣を歴任。誠実な人柄、政策能力、豊富な人脈による交渉力、調整能力は評価が高い。

志帥会の精神的支柱にして、日本政界の良心というべき重鎮

伊吹文明とは、三十年以上前から親しく交際してきた。初めて会った時から現在に至るまで、「伊吹文明は、秀才であるとともに最高の紳士であり、知性と良心を体現した政治家である」と感じ、尊敬の念を持ちつづけている。

伊吹文明は２０１２年に自由民主党が政権を回復し、第七四代衆議院議長に就任するまで、志帥会の会長を務めた。志帥会の会長職は現在の二階俊博会長に代わったが、政策実現集団としての理念と筋を通す政治的姿勢は、伊吹文明が構築したものが引き継がれて現在に至っているといえる。志帥会における伊吹文明の現在の職責は最高顧問である。通常なら最高という冠が付されていても顧問という立場で一歩退いたスタンスで臨むかもしれないが、伊吹は異なる。現在も、定期的に会員国会議員に対して、基調講話を続けている。志帥会の若手議員は口をそろえて「志帥会に入会して、もっとも良かったことは身近に伊吹先生のお話を聞けることです」と語っている。

定期的に催される志帥会総会は、正午開会だという。国会や会合等で多忙な国会議員たちが、伊吹の話を聞くことを楽しみにして集ってくる様子は、まず他では見られない光景である。自由民主党内

の各派閥のなかでも、先輩議員が後輩議員を育成していくという教育的効果を大切に、それを日常的に実践している志帥会は特筆すべき存在である。後輩議員たちへの伊吹の講話は、その深い教養に裏付けされた格調高い内容のものだ。哲学や歴史・文学に造詣が深く、あわせて趣味の料理は料理本も執筆する玄人はだしという伊吹だけに、聴講する議員たちは伊吹の講話を聞くことを何よりの楽しみにしている。

伊吹の活躍は志帥会最高顧問にとどまらない。伊吹の活動範囲は広く、自由民主党全体に大きな影響力を発揮している。伊吹は政界のオピニオンリーダーである。

危機の時代における政治の責任と役割

今、日本も世界もコロナ騒動で揺れに揺れている。国民の生命と生活に責任をもつ政治家として、伊吹文明は、「危機の時代における政治の責任と役割」を明快に語る。

「それは森田先生に教えて頂いたベートーベンの言葉に尽きるでしょう。『苦難の時に動揺しないことは、賞賛すべき、卓越した人物の証』です。危機の時こそ人間は試されますね。コロナ危機の現在でも、黙々と耐えて、努力・工夫する街の片隅の中小企業者もおられれば、危険を顧みず使命を果たしている医療従事者もおられる。一方で日頃は羽振りの良い人が、危機だ援助だと声高に主張する。それを代弁するのが政治家の役割だと思い違いして、五十億だ百億だという話も多い。

　不安や不満を国民にいだかせないよう、日常の所作が大切なことは勿論だが、不安や不満が大きくなると滔々たる世論の流れができて、仲々それに抗し難くなるのが民主制の欠点ですね。かつて規制緩和・自由化、学者主導の競争第一主義的流れがあって、反対するものは、守旧派等と批判された。今、感染症ベッドが不足、医療崩壊と騒がれていますが、採算性、効率性のスローガンの下に、国立病院を独立採算制にしたのが平時は必要のない感染症ベッドが削減されてしまった原因です。かつて政治改革という流れもあった。その流れに乗って離党した人もいたし、小選挙区制導入を推進した責任者が、執行部の力が強くなりすぎる、大失敗だったと今になっておっしゃる。

　民主制は大切な制度だけれど、使う人、つまり政治家と国民が使い方を誤ると、ポピュリズムの欠点が出てくる。国会議員は国民から主権を預かり、国の諸々の事を決定する権限を持っている。世論に反しては、その立場・地位を失う。自分より悪い人が意思決定の地位に就くと、かつての民主党政権のようなことにもなる。地位の為ではなくとも、我慢もしなければならない。妥協も必要でしょう。だが護るべき一線を超えてはならない。これがベートーベンの動揺しないことでしょう。

志帥会の源流の創設者である故大勲位中曽根康弘先生は、『政治家は歴史の法廷の被告人だ』とおっしゃったが、私達は後世に有罪判決を受けぬよう、日々学び、努力しなければいけないと思います」

自民党最年長者の慧眼に着目すべきである

日本が、世界が直面している未曾有の危機に際して、あえて「我慢もしなければならない。妥協も必要」という伊吹文明の言葉は、非常に重みがある。政治には、絶対的な解答は存在しない。政治的な決定の評価は、その時々の価値観や理念によって変化するものだ。政治家は当選しなければ、その役割は果たせない。だからといって、世論の大きな流れに迎合するだけではいけないという伊吹文明の警鐘に耳を傾けるべきだと私は思う。

伊吹文明は、自由民主党にあって最年長国会議員である。その経験、知識、先を見る眼力、いずれもが今、政治家に求められているものであり、将来において必ずや意味をもってくるだろう。伊吹文明は、志師会における大黒柱であると共に、日本政界において欠くべからざる御意見番であり、日本の重要な舵取り役の現役である。

伊吹は指導的政治家に必要な知的卓越性とともに、倫理的卓越性を身につけた卓越した政治家である。政界では一寸先は闇である。いつ政変が起こるかわからない。もしも、いまこのコロナ禍のなかに政変が起きた時、政権を担える実力者は、伊吹文明と二階俊博の二人しかいないと私は思う。二階はナンバー2に徹している。伊吹が緊急の場合、自由民主党にとって最後の救いを託せる政治家だと私は思う。

二階俊博

にかい・としひろ

衆議院議員（和歌山3区）当選12回。自民党幹事長、自民党国土強靭化推進本部長、志帥会会長。中央大学法学部卒業後、静岡県選出で建設大臣等を歴任された故遠藤三郎衆議院議員の秘書を10年、和歌山県議を連続2期務めた後、1983年第37回衆議院議員総選挙に自民党公認で立候補し初当選。以降連続12回当選。運輸政務次官、運輸大臣兼北海道開発庁長官、経済産業大臣、自民党国対委員長、自民党総務会長、自民党選挙対策局長、衆議院予算委員長等を歴任。

『二階俊博幹事長論』（森田実著）の要旨

２０２０年4月３０日に、私は『二階俊博幹事長論』を上梓した。この本において、私は、二階俊博という偉大な政治家の全体像を国民に示すことに挑戦した。

この本の内容を正確に紹介した書評（『時評』２０２０年6月号）を評者の許諾を得て引用する。

《（前略）政治評論家・森田実氏による、自由民主党・二階俊博論が刊行された。

先般の新型コロナウィルス感染拡大の経済対策、国民一人当たり１０万円給付でも存在感を発揮した、当代を代表する政治家について、世間やマスコミは「謀略家」「派閥のボス」などのイメージで語ることが多い。森田氏は、こうしたイメージは二階俊博という政治家を捉える上で適切ではない、二階氏ほど平和を愛し、博愛主義で、純粋な政治家はいないと常々述べていた。先入観を取り払い、二階氏の余りある実績をもとに、政治家・二階俊博を評価しようと試みたのが本書である。そのキーワードは「ナンバー2史観」だ。

「まえがき」にて森田氏は、ナンバー1の動きを軸にしては、真実の政治の動きは見えない、と断言する。三国時代の諸葛孔明、幕末～明治の勝海舟、世界大戦末期の鈴木貫太郎、１９５５年保守合同の三木武吉らが歴史を動かした例を挙げ、その偉大なナンバー2に二階氏の名を連ねる。
　事実、二階氏は2016年8月から現在まで自由民主党幹事長（党のナンバー2、党活動を束ねる）を務め、その在職期間は2020年9月8日に田中角栄元総理を抜いて歴代最長となる。その政治業績は主なものを挙げるだけでも「観光立国の推進」「津波対策基本法制定」「国土強靭化政策の推進」「中国、ベトナム、アジア諸国、ロシアとの平和友好外交の推進」と幅広い。平成初期から令和初期の政治は、二階氏が動かしたといって過言ではないだろう。森田氏は、国内外の多くの証言者の言葉を丹念に拾い集め、政治家・二階俊博の凄みを明らかにしていく。
　森田氏は二階氏に初めて会ったとき、「この男は世のため人のために、善なる政治をやるために生まれてきた人物だ」と感じたという。日本を代表する政治評論家・森田実が、心底惚れ込んだ二階氏の真実の姿とは？　新たな視点での二階論に、終章まで発見と感動を味わった》
　二階俊博の政治家としての際立った特徴は、第一に、つねに国民の側に立ち、平和と国民生活向上のために働きつづけ、いたずらに権力を求めようとしなかった点にある。第二に、つねに世界の動きに注意を払い、国会議員として平和友好のための議員外交および自民党としての党外交を展開し、政府を側面から補佐しつづけてきたことにある。二階俊博ほど旺盛な議員外交を行った議員はいない。

第三に、つねに時代の先を読み、政治家として指導性を発揮しつづけてきたことである。観光立国論、国土強靭化論、世界津波の日の制定、差別撤廃法の成立、日本の食文化を守るための努力等々、つねに時代の先を読み国民のための政策を推進した。上記の成果のほか、二階俊博は政治上の業績は非常に多く、あげれば枚挙にいとまがない。これは万人が認めるところだ。

二階俊博の政治家としてのルーツ

拙著『二階幹事長論』の「あとがき」で、私は、「二階俊博は、二十世紀から二十一世紀にかけて日本を代表する大天才政治家である。この大天才の魂は、田中角栄を父とし、南方熊楠を母としている」と述べた。田中角栄は政治の天才、南方熊楠は学問の天才だ。

田中角栄とは何回か会ったことがある。1970年代から80年代にかけて田中角栄をよく研究した。そして書いた。南方熊楠のことは文献で研究した。政治の天才である二階俊博の魂は、この二人の偉人の魂を相続した結果、形成されたものだと私は判断した。

二階俊博が政治の天才だと私が判断する理由は三点ある。

第一に、二階俊博には政治の「術」の心得があることだ。ビスマルクは「政治は科学ではなく術

だ」と言ったが、「術」を心得えることができるか否かが、一流政治家とそうでない政治家との分岐点である。二階俊博は「術」を使う名人である。第二に、二階俊博には「人の心を正確に読み取る能力」がある。第三に「閃き」を持っている点である。発明家エジソンは「天才とは99%の発汗であり、のこりの1%が霊感である」と言ったが、三木武吉にも田中角栄にも「閃き」があった。二階俊博にも絶えざる「発汗」とともに「閃き」がある。

　これら三点の才能を持つ者は政治の天才である。二階俊博は、これらの才能の持ち主である。

最側近の見る「二階俊博像」

　拙著『二階幹事長論』を読了し、感想を寄せてくれた志帥会の国会議員は十数名を超す。ここでは最側近ベテラン政治家の感想を紹介する。

「二階先生は大変な人です。考えるスケールが非常に大きい。そしてつねに世界を見、未来を見ている。大構想がまとまると、緻密な計画を立てる。そして実行する。人事配置もつねに適確だ。しかも短期間のうちに仕上げてしまう。『世界津波の日』制定は、非常に困難だろうと考えていた。これを二階幹事長は国連総会で満場一致で実現させた。この二階幹事長の計画力、実現力はすごい。国際捕鯨委員会（ＩＷＣ）からの日本の脱退問題も、二階幹事長は明確な展望をもって取り組んでいた。『脱退すれば日本は世界の孤児になる』と過剰な心配もあった。しかし二階幹事長は正確に先を読み、断行した。結果は二階幹事長の予想した通りになった」

最後に志帥会で二階俊博に長年仕えている事務局長の永井等の「二階論」を紹介する。

「親分という言葉が最も似合う人であるが、子分には上下を作らず誰とでも公平に接する。面倒見の良さは天下一品。どんなことにも耳を傾ける。何か問題が起きた時には、労をいとわず現場に駆けつける。昭和が残してくれた最後の武士である」

日本政界のナンバー2として、今や日本政界の最高実力者の二階俊博を「友」と呼ぶ非礼を許して頂ければ、私の人生において、二階俊博は、最良・最高の友である。

河村建夫

かわむら・たけお

1942年11月山口県萩市生まれ。慶應義塾大学商学部卒業後、西部石油（株）に入社、山口県会議員を務めていた父・定一の跡を継いで山口県会議員補欠選挙に立候補、当選し、以降4期。1990年、旧山口一区から衆議院議員選挙に立候補し、初当選。現在連続10期目。法務政務次官、文部科学副大臣、文部科学大臣、内閣官房長官、自民党選挙対策委員長、衆議院予算委員長、衆議院議院運営委員長等を歴任。

父の跡をついで県議となり衆議院議員として活躍

河村建夫は、大学を卒業後、民間会社に就職したが、当時、山口県会議員（萩市選出）を務めていた父・定一の死去に伴い行われた山口県議会議員補欠選挙に無所属で立候補し、33歳で県議会議員となった。以降、県議に4回連続して当選した。

1990年、地元の大物政治家・田中龍夫の引退にあたり、後継として推挙され、中選挙区制だった旧山口1区から立候補したが、定数4の同じ選挙区に現総理安倍晋三の父安倍晋太郎もいて、同じ自民党同士で選挙を戦った。中選挙区のもとでは珍しいことではなかったが、新人候補の河村は選挙を通じて政治家として鍛えられた。安倍晋太郎の逝去に伴い、中選挙区制での最後の衆院選は、現総理の安倍晋三と同じ選挙区で戦った。河村は、以降、10回連続当選をつづけている自由民主党の重鎮である。

河村は、両親が萩女子短期大学（現在は4年制の萩至誠館大学）を創設した教育家であったこともあり、教育には強い関心をいだいていた。かくして、衆議院議員としての活動の主体を文教政策におく文教族として活躍してきた。文部科学副大臣を経て、第1次小泉純一郎再改造内閣では文部科学大臣として初入閣を果たした。自由民主党内でも要職を歴任し、政調会長代理、党選挙対策委員長などを歴任した。２００８年麻生太郎内閣の発足にあたっては、官房長官に任命され政府の中枢で重責を担った。志帥会においても、会長の二階俊博が自民党総務会長に就任し、会長職が空席となった時には、河村が会長代行として志帥会の事実上の代表として活動を展開してきた。国会でも、衆議院予算委員長、議院運営委員長などを通じて、河村の抜群の調整力を発揮し、その手腕を発揮してきた。

穏やかで知性派の河村だが、そのルーツは、やはり出身地の山口県萩に根ざすように思える。言うまでもなく萩は吉田松陰を生んだ地であり、松陰没後、百年以上が経過しても、萩では松陰の精神が脈々と継承されつづけている。その典型が河村建夫であると、私は思う。近代日本を創造する原動力となった幾多の俊英を輩出した松下村塾の精神が、河村にしっかりと伝えられているのだ。

河村と話をしていると楽しくなる。何気ない会話のなかに、松陰の言葉がごく自然に出てくるからだ。「至誠通天」を常に政治家として心がけてきたという。また、「萬巻の書を読むに非ざるよりは、寧んぞ千秋の人とたるを得ん」と、しっかり本を読まなければ立派な人物にはなれないとの教えが、子ども読書活動推進法の制定の基盤にあったのだという。偉人の言をたんなる座右の銘とするのではなく、血となり肉としていることを感じる。

円満な人格者で誰からも好かれる天才的調整役

長年、河村のもとで志帥会事務局長を務めてきた永井等はいう。

「河村先生は地方創生の第一人者として手腕を発揮している。いつどんな状況においても怒った顔や態度を人に見せない。後輩たちに対しては決して偉ぶることなく一つ一つ丁寧に仕事の進め方を指導する。真面目さはゴルフにも現れる。プレーの日の朝は誰よりも早くゴルフ場に行き、スタート前に黙々と練習をする。『久しぶりなので、みんなに迷惑をかけたくない』というやさしい心の持ち主である。年賀状には毎年、家族写真が印刷されている。家族愛に満ちあふれた国会議員である」

新しい内閣ができたり、新たな課題が発生した場合、人事で壁にぶつかる時が来ると、必ず河村建夫の名が出てくる。「困った時の河村建夫」である。だから、河村には、つねに多くの議員連盟会長等の肩書がある。本人が望まなくても、「河村さんに頼む」ということになる。それほど、河村建夫の人間としての信頼度は高い。それと、何を頼んでも、その仕事を見事にやり遂げる高い能力が河村

にはある。

円満な人格、誰にも好かれる誠実で明るい性格、頼まれれば「イヤ」と言えない優しい性格、いったん引き受けたら見事にやってのける仕事師としての高い能力——河村は政治家に必要なすべての資質をもっている超完全政治家である。つねに、人に上席を譲る謙虚の美徳を備えている。

自公連立政権の要の重要な役割を持つキーマン

河村建夫の存在感は、いぶし銀の輝きに似ている。抑制された輝きだが、けっして衰えることなく輝きつづける。そして、すこしずつ輝きを強めている。

日本にとって特別の重要性をもつのが、日中、日韓関係だ。世界は、日本が近隣諸国とくに中国と韓国との平和友好関係を維持できる国か否かを注視している。もしも、日本が近隣諸国との平和友好関係の維持に失敗すれば、国際社会からの日本に対する評価は急落する。日本と中国、日本と韓国の関係は、いま非常にむずかしい状況に直面している。いまこそ、中国や韓国と腹蔵なく対話することが必要であり、政府外交が膠着状態になってしまっている。今こそ、議員外交が必要とされている。

こういう時に威力を発揮するのが、これまで個人として隣国の要人たちと交流することで議員外交を地道に積み重ねてきた人たちだ。日中関係における日本側のキーマンは、二階俊博である。そして、日韓関係のキーマンは河村建夫だ。近隣諸国との平和友好関係のキーマンである河村建夫に、私は大いに期待している。

林幹雄

はやし・もとお

昭和22（1947）年千葉県香取郡東庄町生まれ。日本大学芸術学部卒。衆議院議員・林大幹秘書を経て、千葉県議会議員を3期務め、平成5年衆議院議員初当選。国土交通副大臣、国務大臣・国家公安委員長・内閣府特命担当大臣（沖縄及び北方担当、防災）、経済産業大臣、衆議院議院運営委員長、自由民主党総務会長代理などを歴任。衆議院千葉10区当選9回。現在、自由民主党幹事長代理、志帥会副会長。

二階俊博幹事長を支え続ける名コンサートマスターである

空前絶後の連続長期間に渡って自由民主党幹事長職を務めつづける二階俊博幹事長の脇にいつも控えているのが林幹雄である。私の眼からすると、林幹雄は二階俊博の分身ではないかと思えるほどである。古来、卓越した政治リーダーが、その実力を存分に発揮するための必須条件が、「リーダーを一人にしてはならない」ということだ。指導者は孤独である。また、優秀であればあるほど、様々な人が糾合してくる。中には好ましからざる存在もあるだろう。リーダーをそうした雑音から守り、常に相談役となる存在が絶対に必要なのである。二階俊博の近くで、その役目を一貫して全うしているのが林幹雄だ。

林幹雄は、政治家には珍しい芸術学部で学んだ。若き日は、芸術の世界に雄飛することを考えたのかもしれない。縁あって政界に身を置くこととなった。政界をオーケストラにたとえるなら、二階俊博は名指揮者である。そのマエストロを脇で支える第一バイオリンのコンサートマスターを務めるのが林幹雄である。指揮者の意図を正しく把握し、楽団員にそれを伝えて見事に交響曲を完成させている。

字面の偶然かもしれないが、私は林幹雄の名に運命的なものを感じる。「幹雄」と書いて「もとお」と読むのだが、この「幹」は、二階幹事長の「幹」なのだ。単なる偶然とはいえない、天の配剤ではないかと思ったりする。それほど二人の息はぴったり合っている。

ベテラン政治家として抜群の実績をあげ続けてきた

林幹雄は、平成5年の初当選以来、経済産業大臣をはじめ、地方に寄り添い、地方を守る要職を歴任してきた。現在は、自由民主党幹事長代理・観光立国調査会長として、また国土強靭化推進本部・地方創生実行統合本部においても本部長代行を務め、地方を元気にするため、政治の第一線で指揮をとっている。その政治手腕は抜群であり、二階俊博が林幹雄の選挙区である銚子を訪れた際には、「自由民主党を、そして日本政界を次に支えるのは林幹雄君です。選挙となれば、他候補の応援でこの選挙区にはいられない。皆さ

2018年5月22日永年在職議員25年表彰　代表謝辞

ん、ぜひ次の時代の政界トップリーダの林幹雄君を支援してください」と言わしめた。私は、この発言を、二階・林両名の地方視察に同行して実際に聞いた。

林幹雄は、二十五年間を超える衆議院議員生活のなかで、国家公安委員長として治安水準の向上を図り、沖縄及び北方担当大臣として沖縄の振興や北方地域の諸課題に積極的に取り組み、防災担当大臣として、ゲリラ豪雨を始め、頻発する自然災害に対し第一線で対峙してきた。

また、安倍内閣においては、経済産業大臣として、福島第一原発の廃炉・汚染水対策と福島の復興を確実に推し進める一方、わが国の将来を見すえた、責任あるエネルギー政策を推進し、経済再生と中小企業支援、通商政策等に、その力を発揮した。

さらに国会では、第一八九常会の議院運営委員長として、国会運営に心血を注ぎ、戦後最長の九五日間の延長をなしとげ、国会運営の記録にも人々の記憶にも残っている。

温和ななかに強い意志をもち人々に温かい視線を送る

林幹雄は、きわめて穏やかな紳士である。百戦錬磨の強者が跋扈する政界においては損な性格に思えないこともない。しかし、穏やかではあっても、政治にかける強い信念と弱者・めぐまれざる人々

ヘリにて豪雨災害視察

への温かい視線をもつ政治家である。おそらく、生来の優れた資質であると共に、政治の師である二階俊博の近くで自然に学んだものではないかと思う。

私も長く林幹雄と交流するなかで、林幹雄はおおらかな人柄でありながら、細かな配慮ができる政治家であると感じたことがしばしばある。さりげない心配りができる国民目線の政治家が林幹雄である。何度も大臣経験を重ねている大物政治家でありながら、常に謙虚な姿勢を貫き、市井に暮らす庶民のことを考えているのが林幹雄である。自由民主党が政権を失い、野党の恵まれない時代にも、二階俊博や同志とともに歯をくいしばって政務に励んでいた林幹雄の姿を私は、今でも鮮明に覚えている。

林幹雄は言う。

「強い優れたリーダーと本気の仲間が五人いれば、仕事はできます」

実際、林幹雄は不遇の野党時代に、それを実践したからこそ言える言葉だろう。

林幹雄と会ったとき、いつも頭に浮かぶ言葉がある。米国の鉄鋼王といわれたカーネギーの言葉だ。

「明るい性格は財産よりももっと尊いものである」

林幹雄は、徹底した明るい性格の持ち主である。林がいるだけで、皆明るい気分になる。

林が常時ポケットに携帯している一枚の紙を見せてくれたことがある。二階俊博幹事長の言葉が記されていた。どこまでも二階を支え、常に全自民党議員のことを考えている林らしいと感じた。

「当選への王道は、政治に対する候補者自らの情熱を有権者に必死に伝えることである。

候補者自身が死に物狂いになれば、まわりも死に物狂いで支える。まずは候補者自身が誰よりも汗をかき、地道に有権者一人一人に対して、丁寧に、謙虚に、思いや政策を伝えて行くことが必要である（幹事長通達）」

平沢勝栄

ひらさわ・かつえい

昭和20（1945）年岐阜県白川村生まれ。昭和43（1968）年東京大学法学部卒業後、警察庁入庁。在英日本大使館一等書記官、内閣官房長官秘書官、警視庁防犯部長、警察庁・防衛庁各審議官などを経て退官。平成8（1996）年衆院議員当選（現在8期目）衆院外務委員長、内閣府副大臣、党政調会長代理、総務会長代理など歴任。現在、党広報本部長。葛飾区柴又在住。

切れ味鋭い理論家にして志帥会の中心的な存在である

平沢勝栄は、志帥会事務総長として政策集団をまとめるエンジン役を務めている。その言説は理論的でつねに筋の通った発言で知られる。

平沢が志帥会に加わったのは、二階俊博会長の人格に惹かれたことが最大の要因であったと語る。その一例として、「二階先生が、結婚式に新婦の主賓として招かれました。新郎の主賓を尋ねると、勤務先の課長でした。すると、新郎の会社の会長と社長に電話して、結婚式への出席を依頼しました。新郎が肩身の狭い思いをしないようにという配慮です。こういう思いやりというか細かな配慮ができるのが二階先生です。二階先生はつねに将来のことを考えています」と語る。平沢は、二階俊博の人間的魅力を強調する。

同時に、平沢は二階俊博の懐の深さにも言及する。「志帥会には、野党からでも選挙に強い有為な人材は躊躇なく引き込むのが二階先生です。これはすごいことです。小選挙区の悪弊として、一度議席を獲得すると競争がなくなることもあります。ところが、野党からも参画があるとなると自民党の現役議員も安閑とはしていられません」

　そして、平沢は「志帥会のメンバーは団結が固く、四十数名の仲間と共に政治活動ができる意味は非常に大きいものがあります。実際、大きな仕事をこの仲間たちと実践してきました。国連で『世界津波の日』制定の際にも、志帥会の議員たちが各国在日大使館を手分けして訪れ、共同提案国になってくれるよう説得して回りました。この仲間の力は非常に大きいものがあります」とも語る。

庶民への気配りが万全で人情味あふれる政治家「平沢勝栄」

　平沢勝栄の選挙区は、東京都第17区で葛飾区と江戸川区の一部が含まれる。平沢が住まう葛飾・柴又といえば映画『男はつらいよ』の舞台である。典型的な下町で寅さんの人情味があふれる地である。平沢は、自身の選挙区についてこう語る。

「もう葛飾・柴又に住んで二十五年が経過しますが、親しみやすい地域です。寅さんの地元であり、弱者や苦しんでいる人を助けて共に生きようという人情味あふれるところです」

　この選挙区で平沢は、連続8期衆議院選挙に当選を果たしている。中小企業や零細商工業者も多い地域で圧倒的な支持を得ている最大の要因は、平沢の人情味あふれる日常活動にあると私は思う。地域住民の声によく耳を傾け、困っている人がいれば全力で支援を惜しまない。そんな平沢の姿はどこかで寅さんに通じるところがある。

寅さんといえば、平沢は、「じつは、寅さんはインターナショナルでもあるんです。昨年、五十作目が公開されましたが、オーストリアのウィーン市フロリズドルフ区と葛飾区は寅さんが縁で友好都市として提携しています。また、スリランカでは国営放送で『男はつらいよ』が放映され大人気です。国境を超えて、寅さんの生きる姿は共感を呼ぶんですね」と語る。

また、平沢は合掌造りで有名な岐阜県白川村の出身である。平沢の生家は、現在下呂温泉に再現された合掌村に移築されて公開されている。平沢は、この下呂温泉合掌村の名誉村長でもある。どこか朴訥としたおおらかさを有する平沢のルーツに合掌造りの素朴な骨太さがあるように思える。

明快な政治姿勢は田中角栄と後藤田正晴に学んだ

平沢は政界入りするにあたって名官房長官として名高い後藤田正晴の薫陶を受けた。同時に、政治

2019 年 11 月 10 日「第 13 回　両さんベーゴマ大会」
開会式（亀有リリオパーク）

家のあり方を田中角栄に学んだといえるだろう。

これは、現在の志帥会の背後にある基盤として、田中角栄・後藤田正晴の存在が大きいと私は考える。「アジア、とくに中国が大事だ」「平和が大切だ」「危機には政治家が全責任を負う」という三大哲学を、田中角栄・後藤田正晴は貫いたと思う。その理念を今受け継いでいるのが志帥会である。

平沢は、「今般の新型コロナウィルス危機においても、危機管理には志帥会としても結束して対応することが肝要だ」と強調し、事実、その先頭に立っている。

この姿勢は、後藤田正晴に指導を受け、田中角栄の強い影響を受けているからだと思う。今回のような未曽有の国家的危機において政治の役割がいかに大きいかを平沢は痛感している。

そして、「今回のコロナ危機では政治の役割が大きいこと。同時に家庭の存在が非常に大事であることを改めて日本人は学びました」と平沢は語る。生きるか死ぬかという生存の危機に直面して、頼りになるのは政府と家庭であるという平沢の分析は正鵠を射ていると私は思う。

政府の責任の重さを考えるとき、志帥会の果たす役割の大きさを痛感する。こうした危機的状況だからこそ、冷静・沈着に行動できる平沢勝栄のような政治家の存在意義は大きい。平沢が警察庁に入った時、将来の長官の最有力候補といわれた。しかし平沢は、常に国民目線に立ち、謙虚な生き方を貫いてきた。平沢は偉大な人格者である。平沢勝栄の活躍を私は大いに期待している。

今村雅弘

いまむら・まさひろ

昭和22年佐賀県鹿島市生まれ。東大法学部卒、日本国有鉄道入社。総裁室秘書課、千葉鉄道管理局総務部長等を歴任、九州旅客鉄道㈱へ。経営管理室長、関連事業本部企画部長等で多角経営に奔走。その手腕を買われ、当時副総裁の小渕恵三より立候補を促され、平成8年総選挙で初当選。外務・国土交通大臣政務官、農林水産副大臣、復興大臣、国土交通委員長などを歴任。現在、自民党政調会長代理、災害対策特別委員長。

次々新機軸を打ち出しＪＲ九州を飛翔させた

今村雅弘は、衆議院８期当選のベテランだ。九州男児らしく竹を割ったような裏表のない性格である。人情味があり、周囲の人たちの面倒をよくみる。信念にもとづいて行動し、筋を通すことを何より大切にする。

かつて郵政民営化法案に反対、誰よりも郵政事業を大切にしていた故小渕恵三の遺志を思い、煮え切らない旧橋本派（当時）を辞した。以降１０年にわたって無派閥を貫くが、ここからも一本気な気質がうかがえる。一匹狼にしておくのは惜しいと、二階俊博が「大人しくオレのところに来い」と手を差しのべた。今村は志帥会入りを決めるが、いかにも二階らしい誘い方である。

国鉄では近代化合理化の最前線で活躍、過激派から自宅を焼かれたこともあったが、労組の信頼は厚かった。国鉄民営化後、ＪＲ九州に移るが、国鉄分割でＪＲ九州は厳しい立場にあった。本州３社と異なり過疎化が進むなか鉄道事業だけでは自立は難しい。そんな逆境からＪＲ九州の反転が始まった。快進撃の牽引車は今村だった。先ずは貧乏会社なりにと古い車両に厚化粧を施し特別列車を仕立てた。これが大きな話題を呼び、社のイメージアップと観光業など地域振興に大いに寄与した。ＪＲ九州の業態改革、業務の多角化にも今村は取り組んだ。２千人もの社員を辛い思いをさせながら出向させ経営改善と民営マインドを醸成。それらが基となり不動産業では駅ビルやマンション事業など大当たり、東京にも進出、ホテル業や飲食店を経営。将来のインバウンド需要を見越して、韓国までジェットフォイルも走らせた。鹿児島新幹線も開業。

ＪＲ九州の成功や株式上場は奇跡だ！不利な条件を克服、全社員を糾合し根性とアイディアで成功を呼び込んだ今村の功績は特筆すべきだと思う。私は将来、鉄道が復権する時代が来ると確信しているが、鉄道再建に先鞭をつけた今村の実践は善き手本となるだろう。

チャレンジ精神で乗り越えてきた政治家人生

今村はＪＲ九州を軌道に乗せた段階で、次のステップとして政界進出を考えた。ＪＲの世界では解決できない課題が多いと痛感したからだ。

しかし、今村の親戚や一族に政治家はいなかった。まさに清水の舞台から飛び降りる心境だったが、平成8年の衆議院総選挙に自民党公認で佐賀2区から立候補し、みごと初議席を獲得した。好きな言葉は「チャレンジ、戦いのないところに未来はない」だ。常に前向きに、負けてたまるかと戦い、JR九州がそうだったように、マイナスをプラスに転じられるよう、研鑽を重ね子や孫の為に日本の未来を創っていきたい。と抱負を述べた。

政界に入って令和2年で24年になるが、レールのように、真っすぐに伸びる生き方である。そんなせいか政治の世界では軋轢もあったが、それでも支持してくれる有権者に心から感謝していると話す。党本部や官邸の方針に逆らい佐賀県知事選に独自候補を擁立、大逆転で勝利したこともあったが、有権者は強い愛国心と郷土愛で一本筋を通す今村のことを十分にわかっていて、そんな彼を支えるため熱い声援を送っている。幸せな男である。

国力アップと足腰の強い国土強靭化がライフワーク

地元の発展と共に、国会議員だからこそ日本全体の将来を見通すことを忘れてはならないと今村は言う。米中が覇権を競うようになったこの時代、日本は太平洋をバックに中国やロシアと直接向き合

災害現場視察

う地政学的フロントにいる。今後、自国第一主義的な動きが強まり、いつまでも米国に頼ってばかりにはいかない。そうなると他の国々とどう連携していくかがより重要だ、連携してもらうには連携に値する国でなくてはならず、その為には何としても経済力や防衛力など国力を高める必要がある、それには高い科学技術とそれを可能にする教育の充実と機会均等が不可欠だ。どんなに貧しくても、しっかり勉強し頑張れば這い上がっていけるダイナミックな社会を創らねばならない。だから今後は、外交と少子化、教育問題にも積極的に取り組むと強く語った。

今回のコロナ騒動は、東京一極集中の我国のぜい弱さの一端だ。今村は、災害でも東京はほぼ７０年周期で大地震に見舞われる地で、すでに関東大震災から

90年が経っている。次なる悲劇を避けるべく、かつ真に地方の自立の為に道州制等を早急に進めるべきだと強調してきた。大臣辞任の発言もそうした危機感があったからだ。しなやかな強靭化と、頭でっかちではない足腰の強い国づくりをしていきたいと誓った。「資源は有限、智慧は無限」と公言し、政策の元締めたる自民党政務調査会会長代理の要職に就く今村。この嗅覚鋭い有能な人材にもっともっと活躍してもらわねばならない。

今村をよく知る志帥会事務局長はこう言う。「今村議員は、つねに謙虚で実直。東大法学部卒の大臣経験者だが、偉ぶった態度は一度も見せたことがない。ユーモアもあるし誰とでもにこやかに対話する。真面目である。正直すぎる面もある」

今村は、友人として最高の人柄である。日本のために真に役立つ逸材である。私は、今村に大いに期待している。

山本拓

やまもと・たく

1952年7月福井県鯖江市生まれ。鯖江青年会議所理事長、福井県会議員2期を務め、1990年に衆議院議員初当選。現在8期目。農林水産副大臣、衆議院の懲罰委員長、拉致問題特別委員長、倫理選挙特別委員長を歴任。ダム・発電関係市町村等振興議連会長、地下式原子力発電所政策推進議連会長、無人航空機普及・利用推進議連副会長、自民党農林水産流通・消費対策委員長、自民党総合エネルギー戦略調査会長代理等を務める。

地元に根付き地方議員からベテラン衆議院議員に

山本拓の父・治は鯖江市長、福井県議会議長、自由民主党福井県連幹事長を歴任した実力派地方政治家であった。また祖父・雅男も福井県議会議員を務めていた。幼い頃から、政治が身近な環境のもとで成長した。山本拓も大学を卒業後、郷里に戻り、鯖江市の鯖江青年会議所理事長を務めるなど、地元のまとめ役として活動するなか、周囲の支持もあり福井県議会議員に出馬する。祖父・父の歩んだ政治家の道を歩みはじめた。

福井県議会議員を2期務めた1990年に衆議院議員選挙に立候補することになった。当時は中選挙区制で、福井の衆議院選挙区は全県1区だった。自由民主党公認で立候補し見事当選して衆議院議員に就任した。この頃の自由民主党の議員仲間としては、後に政治行動を共にする新井将敬、太田誠一、柿沢弘治などがおり、親しく交流していたという。

そして、日本政界は保守複数政党時代に入る。山本も自由民主党を離党し、自由党、新進党などの結党に参加する。中選挙区制から小選挙区比例代表並立制に移行した最初の1996年の衆院選に新進党公認で立候補するが惜しくも落選した。翌年、山本は新進党を離れ、無所属で福井県知事選に挑戦したが、現職の壁は厚く敗北。一時、山本は実業に取り組み、会社経営などに携わり、この分野でもしっかりと結果を残した。

その後、自由民主党に復党し、2003年の衆院選では自由民主党の公認を得て、福井2区から立候補して当選し、衆議院議員に返り咲く。第1次安倍内閣では農林水産副大臣に起用され、地方議員時代から培った農水行政で力を発揮した。その後、福井2区での当選を重ね6選を果たす。ところが、2014年の衆院選においては「0増5減」の定数削減の影響で、小選挙区からの立候補が叶わず、比例北陸信越ブロックの自由民主党単独候補1位で7選を果たした。この選挙の直前、志帥会に入会した。山本は、2017年にも比例北陸信越ブロックから当選し、計8回も衆議院当選をしているベテラン政治家である。

わが道を行く政治家・山本拓

志帥会事務局長の永井等は、政治家としての山本についてこう述べた。

「良い意味で『わが道を行く』タイプである。実は心の優しい人情家であるが、それを理解するには一対一で話してみないと分からない。特別な問題が発生しない限り自説を主張しない。しかし一度発言すると周りが静かになるほど重みのある内容を語る」

山本は1990年代前半の政界再編成が激しく展開された時期に、柿沢弘治、新井将敬、太田誠一らとともに、脚光を浴びたことがあった。テレビにもしばしば登場した。知名度と人気も高まり、将来が大いに嘱望された。

山本の最も親しい議員仲間は新井将敬、松岡利勝、松下忠洋だったという。3人とも自ら命をたったが、同志を大切に思う山本にとってはつらいことだっただろう。新井将敬は、私と一緒のテレビ出演が多く、個人的に親しくなり、よく彼の選挙区へ通った。非常に頭が良く気持ちのよい男だった。山本もよく彼の選挙区へ足を運んでいた。また、山本と松岡利勝と松下忠洋は、当時のガット・ウルグアイ・ラウンド・コメ自由化締結阻止を訴え、3人で同志を集め国会議事堂正面前で3日3晩座り込みハンガーストライキを決行した、正に同志だったと言う。

日本においての少数派は一時的に国民から支持されることがあったとしても、長期的にそれを持続することはむずかしい。政治改革をめぐる混乱のなかで自民党を離れた政治家たちは、それぞれの信念で、野党議員の立場を貫いている者、自民党に復党した者、政界から離れた者に分かれた。山本は一度政界を離れたが再び復帰し、自民党員となった。

今回、山本へのインタビューで印象に残ったのは、山本が「二階幹事長」「二階先生」「二階さん」と言い方は違ってはいたが、何回も「二階」の名を口にしたことだった。わが道を行く山本からは、二階俊博への全幅の信頼と心の底からの情愛を私は感じた。

これからも山本拓は国民目線でわが道を行く

「国土面積の７０％以上が森林地、農地、草地である。私はこれらの地域こそ国民の『新しい生活様式』を支える新産業基盤づくり拠点にすべきと考えている。」

山本は、私に対して、今取り組んでいる政治課題を熱心に語った。

過疎地への光ファイバ・５Ｇの整備による重機や運搬車の自動走

行をはじめとするｉコンストラクションはスマート農業・林業と農道・林道を一体化し、それにより間伐材等を有効活用し、土壌改良等に利用できるバイオ炭の製造、バイオマス発電・熱利用で地球温暖化対策にも役立てると言う。また、防災のためのダムや河川への遊水槽の導入、水力や太陽光等の再エネ活用、その電力等を利用した植物工場整備、米粉等にも力を入れる。

さらに、光ファイバ網は、新型コロナウイルス感染症拡大により注目を集めた大都市から地域へ目を向けるサテライトオフィス等の実現を目指すことにも繋がると言う。

ドローンの拠点『空の駅』に代表されるよう、全ての先進技術を導入すべく全国の意欲的な専門家や事業者と国を繋いで先駆モデルを構築するのが現在の山本の政治スタイルだ。

山本は大変優秀な頭脳の持ち主だと、私は思っている。時代の先を読む能力がある。すぐに行動する俊敏な性格の持ち主である。政治はチームをつくらなければ、大きな仕事はできない。山本にとって「チームづくり」が、今後の課題といえるかもしれない。

金田勝年

かねだ・かつとし

1949年秋田県南秋田郡昭和町生まれ。一橋大学経済学部卒業。大蔵省（現財務省）に入省。山梨税務署長、プリンストン大学客員研究員、主計局課長、主計官などを歴任し退官。1995年参議院議員に当選（2期12年）。2009年衆議院議員に当選（4期目）。第98代法務大臣、外務副大臣、農林水産政務次官、党厚生労働部会長、衆院財務金融委員長などを歴任。現在、自由民主党幹事長代理（現在3期目）、党秋田県連会長。

会長の二階俊博に惚れて志帥会入りを決めた

金田勝年

参議院議員2期、衆議院議員4期と、金田勝年の国会議員生活は23年を超える。平成28年には法務大臣にも就任した。秋田県選出の議員の入閣は17年ぶりだったという。参議院時代には僅差で落選する挫折を一度味わったが、衆議院に転じてからは連続当選を果たし、順当に政治キャリアを重ねている。

金田は令和2年1月から志帥会に籍を置く。初当選のときから平成研究会に所属してきたが、志帥会会長の二階俊博との絆から派閥を移ることになった。現在は二階幹事長を補佐する幹事長代理を務め、絶妙のタッグで党運営の難局に当たっている。気さくな人柄で、気軽に周囲に声をかけ人々の心を和ませる術を心得た政治家である。

そもそも二階との縁は8年ほど前、金田が秋田で国土強靭化法案のために、石川好さん達とシンポジウムを開いた際、党の国土強靭化調査会長として法案を推進する二階にパネリストとして来秋してもらったことに始まる。そこで二階の人間的な魅力に打たれ、関係が一気に深まった。

金田に二階の魅力を解説してもらった。包容力があり、人間味あふれる。さらに大局観があり、物事を処理するスピード感が素晴らしい――と惚れ込み様は尋常ではない。長年にわたり政界において二階の言動をじっくり見てきた金田だからこそ言えることだろう。こうした金田の二階評には、学ぶ所の多い素晴らしい政治家と出会えたという喜びとともに、志帥会の会員は元気者ぞろいで、派閥内に言いたいことを言い合えるフレンドリーさが満ちていると満足感をおぼえているようだ。志帥会に所属してまだ日は浅いが、ずっと昔から腹を割ってつき合ってきた同志たちのように感じていると金田は語った。嬉しそうだった。

竹下登、渡辺美智雄に見いだされて政界へ

金田は政治とはまったく無縁な秋田県山間部のサラリーマン家庭に生まれた。電力会社の発電所に勤務する父は、「オレの努力で家々に電灯が灯り、家庭が明るくなるんだぞ」と、いつも誇らしげに働いていた。「仕事というものは、世の中ためにするべきもの」と、こうして父の姿をまぶしく見ていた幼い金田は、小さい頃からいつか自分も絶対に社会に役立つ人間になりたいと決めていたという。

勉強が比較的好きだった金田は、官僚になって国に貢献することを夢見るようになる。だが、人生はままならず、当時は大学紛争が真っ盛りの年で、入試中止となった東大を避けて、一橋大学に進む

ことになる。金田にとって、この時が一番の転機だったという。卒業と同時に難関を突破し大蔵省に入省したのである。

努力家の金田はあらゆる役所の予算査定を経験し、配属された主計局では10年の局勤務と共に、課長と主計官に抜擢された。そんな働きぶりを見ていた大蔵大臣の竹下登と渡辺美智雄から政治の世界に誘われる。政治なら解決できる問題も、役人のままではどうしようもないこともある。官僚として行政の中心で働きながらも、役人の限界が身に染みていた金田はこの誘いに応じ、自民党の公認を得て、平成7年の参議院議員選挙に秋田選挙区から立候補した。現職の野党議員を破り、初出馬でみごと議席を獲得し、ここに政治家の道が開けたのである。

生き方を教えてくれた尊敬する父親には今も感謝していると金田は述べる。父はすでに他界して22年経つが、「いっぱい報告したいことがあるのだが」とぽつりと洩らした。

荒波に正面から立ち向かう25年の政治人生

金田に自身の政治哲学を語ってもらった。自分を積極的な人間だと前置きし、「前から次々荒波がくるのが人生だとしたら、荒波に立ち向かっていくのが荒波をやり過ごすベストな選択だと私は信じ

2018年9月16日　北海道胆振東部地震の現地視察

ている。逃げようとすれば逆に溺れてしまい、むしろ果敢に波に立ち向かい乗り越えることで、穏やかな水面に早く出ることができるのだと。」つけ加えた。

政治家の人生はすべからく山あり谷ありだ。金田も様々な荒波をくぐり抜け、政治の世界で25年余生きてきた。金田らしい哲学だといえるだろう。そして、「政治家に欠かせないのが発言力と実現力だ。」と強調した。70歳になった今でも、この二つの力を磨きたいと思っているという。その意味でも今回の志帥会入りは、環境を変えるだけでなく、二つの力をレベルアップする好機だと金田は続けた。適確な判断といえるだろう。

「地盤とする秋田は田舎です」と遠くを見る目で話す。東京とはまったく異なる判断が求められることもしばしばだとか。自民党という責任政党にいる限り、どうしても最大公約数的な政策をつくらなければならないが、その場合、どうしても議員数に勝る都会向きの内容に偏ってしまう現実は否めない。金田は、秋田のみならずどの地方もが抱える課題を誰よりも理解している。故郷秋田が一方的に不利を被らないためには何をすべきなのか。志帥会という新しい仲間たちの協力を得ながら、金田のなすべきことはまだまだ数多い。

金田について志帥会事務局長の永井等は「入会間もないので、その人となりはよく分からないが、事務局員や秘書たちに気さくに声をかけ、皆に親しまれている」と語る。金田が庶民派で大変な好人物であることは衆目の一致するところである。

金田は傑出した人物だと私はみている。誠実にして謙虚だ。自己を律している。頭がよい。高い能力をもっているが、それを表に出すことはしない。「能ある鷹は爪を隠す」タイプの信頼できる政治家である。いまや、二階俊博幹事長の最良の側近の一人である。

桜田義孝

さくらだ・よしたか

昭和24（1949）年千葉県柏市生まれ。明治大学商学部卒。柏市議会議員・千葉県議会議員を経て、平成8年衆議院議員初当選（現在7期）。初代外務大臣政務官、経済産業大臣政務官、内閣府経済財政・金融担当副大臣、厚生労働委員長、消費者問題に関する特別委員長、文部科学副大臣、自民党行政改革推進本部長、自民党教育再生実行本部長、東京オリンピック・パラリンピック担当大臣等を歴任。現自民党団体総局長。

農家に生まれ苦学して事業を起ち上げ、政治家の道へ

桜田義孝は、千葉県柏市正連寺の農家に生を受けた。実家では牛やヤギ、ウサギ、鶏なども飼育していたため少年時代から、餌やりや乳搾りが日課だった。農業の手伝いもよくした。その過程で、桜田少年は、農家の苦悩を身にしみて感じた。苦労して収穫した農産物を市場に出荷しても、理不尽に買いたたかれることが少なくなかった。農業は天候に左右されやすく思うように収穫できない苦しさがあるのに、農家には作物の価格決定権がないのだ。この不条理を実感したことが、桜田が政治の世界に入る大きな動機となった。

高校卒業後、進路に悩んだ桜田は、アルバイトで始めた大工の道に進む。そして、大工職人となった2年後には大学の夜間部に進学。昼は大工職人として働き、夜は大学で勉強した。大工仕事を終えて入浴、柏から東京の大学に通うのは時間的にも体力的にも大変だった。そうした苦労のなかで、独立して豊かな経済人となれば、大きな可能性に挑戦できるのではないかと思うに至った。

一時的なアルバイトのつもりだった大工職人を結局、七年間つづけ、二五歳になったとき、桜田は

自分の会社を設立して独立した。しかし、経済的基盤もなく、確固たる支援者もいなかった。苦労して会社を運営し、なんとか軌道にのり、地元の青年会議所という団体に入会した。その後、社会的に役立つ人間になろうと考えるようになった。そして、周囲の勧めもあり、柏市議会議員となり、さらに千葉県議会議員を務めた。一歩一歩、自力ではいあがった桜田だった。そして、衆議院議員に初当選したのは、１９９６年だった。

五十年間も保守系代議士が存在しなかった地で衆議院議員に

新人議員として活動を開始した桜田だったが、当時、柏・我孫子地区には五十年間という長期にわたって保守系代議士が出ていないという保守が弱い地盤であった。桜田は、同期で議員となった西川公也の推薦で志帥会に入会する。志帥会において二階俊博や伊吹文明の影響を受け、政治家としての指針を明確に定めるようになる。平和と経済を確立するため外交が大切であること、教育に力を注ぐべきであることを、改めて確認した。

科学技術の振興に取り組み、地元の手賀沼汚染の改良を全力で行った。「二十年以上も全国ワースト1汚染度だった手賀沼を十年後には必ず変えてみせる」と決意した桜田だった。実際、十年後の2006年には「第1回手賀沼トライアスロン」が開催され、以降、毎年開催される地元の風物行事になった。地道な桜田の努力が実を結んだ。

森喜朗内閣では外務大臣政務官を務めた。この時ハワイで「えひめ丸」が米原子力潜水艦と衝突して沈没するという事故が発生。桜田は、外務大臣政務官として現場責任者となり、ハワイに赴いて遺族・米軍・マスコミとの対応を見事にすべて取り仕切った。

その後も、数々の要職を歴任し、2019年には東京五輪担当大臣として初入閣。文科副大臣時代から取り組んできた、障がい者スポーツ、パラリンピックの成功に向けて尽力。パラスポーツを、文化として日本全国に根付かせること、パラスポーツを契機に、日本の街のバリアフリーをより一層進めていくことを強く主張してきた。

強い郷土愛で地域振興に取り組み地元では絶大な信頼がある

桜田は、地元柏市を中心とする千葉県ならびに首都圏のインフラ整備に力を入れてきた。より地元

桜田が大会会長として毎年企画運営をしている柏市「ふるさと田中みこし祭り」にて。おみこしわっしょい！

を活性化するため、国道16号線バイパス建設による千葉・茨城・埼玉の交通網強化を目指している。また、つくばエクスプレスを将来的には、茨城空港への直結し、車・鉄道・航空機といった総合交通手段での首都圏交通網の重装化によって、地域経済の底上げ、東京一極集中の是正を提案している。

桜田の地元柏市は、いまや東大、千葉大、国立がんセンター、東葛テクノプラザなどの施設が存在する。桜田は、東大柏の葉キャンパスにAIの最新研究拠点の誘致を強く主張している。桜田は、この研究拠点に世界各国から学者・研究者・学生を誘致し、柏に新産業を創出できるような研究を花開かせたいと語る。「千葉の柏から、世界のKASHIWAへ」とスローガンを掲げる桜田はエネルギッシュである。

桜田なら、やり遂げるのではないかと地元の人々は期待している。

　桜田は地元では、圧倒的な人気がある。庶民的で気さくな人柄もあり、街頭で演説をすれば、桜田に握手を求める老若男女は数多い。苦学しただけでなく、落選の経験もあり、苦労人であるだけに庶民の実情を誰より理解していることを人々は熟知しているのだ。桜田は、つねに地元の人々の感覚で政治活動を行っている。

　1960年代のなかば、私は政治家の学歴を調べたことがある。個人的な研究だった。当時の衆議院議員の約三分の一は、高等教育を受けていなかった。最終学歴が高等小学校卒という議員も少なくなかった。彼らは、努力努力の人生を歩んで代議士になった。こうした経歴の人たちは、つねに国民目線での政治活動を貫いた。桜田は、そうした「たたき上げ政治家」の優れた伝統の継承者である。最近の高学歴の新聞社の政治記者は、政治家を表面的な学歴で判断する傾向があるが、正しい態度とはいえないと思う。

江﨑鐵磨

えさき・てつま

昭和18(1943)年 愛知県一宮市生まれ。立教大学文学部卒。少林寺拳法 開祖 宗道臣 秘書を経て、江﨑真澄代議士の地元秘書(二十三年)。国務大臣秘書官。平成五年、衆議院議員 初当選。外務総括政務次官、国土交通副大臣、衆議院法務委員長、消費者問題特別委員長。国務大臣・内閣府特命担当大臣(沖縄及び北方対策、海洋政策・領土問題担当)を歴任。現在、自由民主党 総務会長代理。衆議院議員 七期。

江﨑鐵磨

数々の政局を潜り抜けてきた当選7回の重鎮

自由民主党を飛び出した二階俊博、小沢一郎、羽田孜らが立ち上げた新生党に請われて参加し、平成5年の総選挙で旧愛知3区から立候補して初議席を得た。

父は昭和の大政治家・江﨑真澄で、優れた政治哲学から二階俊博をはじめ多くの政治家に慕われた。私も大変お世話になり、今あるのも江﨑真澄のお陰だと感謝している。

そんな父・真澄の人間的スケールを受け継ぎ、江﨑鐵磨が醸す温かさは冷徹な政治の世界にあって、さながら寒中に陽光を浴びるかのようである。沖縄を所管する内閣府特命担当大臣に就いた際には、親身になって沖縄県民の心情に寄り添い、今でも沖縄では江﨑の評判は高い。なお、江﨑と私とは縁戚関係にあり、個人的な親交も重ねてきた。

江﨑が参加した新生党は、日本新党、社会党、民社党、公明党と連立政権を組み、細川護熙を担いで政権交代をなし遂げた。その後、新生党は解体され、江﨑は新進党、自由党などに属するが、平成15年に父の古巣自由民主党に入党し、以降、自民党で議員生活を送る。

そんな経緯から政治の裏も表も知り尽くし、その発言には傾聴すべき重さがある。平成30年には一過性脳虚血発作で入院したが、現在は健康面に全く不安はない。血色もよく元気だ。衆議院議員生活も7期。欲のない本人は政治を離れる潮時を探っているのかもしれないが、まだまだ日本政界は、江﨑の経験と良識を必要としている。今後も政界の御意見番として日本の未来に警鐘を発し続けていただきたいし、後進の育成を図ってほしいと願う。

初当選以来、二階俊博と行動をともにしてきた

大政治家として著名な江﨑真澄の息子だから、当初から政治家への道が用意されていたサラブレッドと思われがちだが、そうではない。江﨑自身、政治家になるつもりはなく、大学卒業後には少林寺拳法の創始者・宗道臣のもとで修業した。3年後、免許皆伝を得てもどると、父真澄の秘書たちがいっせいに県議や市長となって事務所を離れる時期と重なった。そのため事務所に秘書として入り、父の仕事をサポートすることになった。

平成4年秋、二階、小沢から東京赤坂の料亭に呼び出され、引退する父・真澄の代わりに地盤を継いで立候補せよと直談判された。驚いて「至らざること多い人間だから」と断ったが、熱心に説得された。最終的には勢いに押し切られ、翌年の衆議院選挙に出馬し、初当選して国会議員のバッジをつ

けることになる。その際、江崎を強く推薦したのは二階だったと振り返る。二階に背を押されて国会議員になったのだが、その二階と父とは縁もあった。そもそも二階は江崎鐵磨の父・江崎真澄の著書を読んで感動し、秘書になりたいと申し出た。ところが秘書枠が埋まっていて、静岡の遠藤三郎の秘書になったのだった。

そんな二階と江崎鐵磨は、初当選以来30年弱のつき合いになる。江崎は新生党からさまざまな政党を経て自由民主党に至る、所属政党の流れのすべてで二階と行動をともにした。二人は師弟関係ながら戦友ともいえる。二階が存分に辣腕を振るえるのも、背後に江崎がいるから。私はそんなふうに見ている。

大臣病とは無縁な政治的野心のない反骨の人

物腰は柔らかだが、実は江崎鐵磨は骨のある政治家である。沖縄県を所管する内閣府特命担当大臣だった時代には、米軍基地普天間飛行場でのオスプレイ輸送機の墜落事故を受け、日米地位協定は見直すべきだと主張した。また、国内にカジノを設ける統合型リゾート（ＩＲ）整備法案では、反対を表明するため、本会議の採決を欠席してもいる。常に筋を通すことを旨として、信念をもって政治に

1974年・犬山市にて。
前列左から、江﨑鐵磨（当時31歳）・森田実（当時41歳）・江﨑真澄・加藤唐九郎・棟方志功

対峙しようとする江﨑の姿勢がよく現れている。ヘイトスピーチ法規制には賛成を表明し、原発は無用で、村山・河野談話は見直すべきではないとし、憲法9条の改正や集団的自衛権の行使には慎重である。

　安倍首相から入閣要請の電話がかかってきたとき、「どちらのアベさんでしょうか？」と秘書が応じた逸話は有名だ。入閣予定者は官邸からの電話をじっと待っていた時だ。

　そもそも大臣になることに興味はなく、「党にへつらってポストに就きたいとはさらさら思わない」と猟官運動も一切してこなかった。内閣府特命担当大臣の拝命も、二階の説得による。権勢欲豊富な自民党議員が多い中にあって、極めて稀な政治家である。

政治信念は「信義を重んじ筋を通す」——。たとえ相手が力をもっていても、江崎は忖度などしないで主張を崩さない。安倍一強時代も何のそので、飄々と政治活動を続ける。信義を貫く政治姿勢は貴重で、江崎を支持するファンは少なくない。

江崎鐵磨の父・真澄は、昭和21（1946）年初当選の代議士だった。同期に二階堂進、石井光次郎、水田三喜男、小沢佐重喜、坂田道太らがいる。江崎真澄は大物政治家であるとともに、広い見識の持ち主で、政治以外に陶芸、絵画、美術全般、落語、武道などに通じ、交際範囲は広かった。私は江崎真澄の紹介で棟方志功夫妻、加藤唐九郎、加藤卓男、おおば比呂司、馬場のぼるらの著名な芸術家と会った。江崎真澄は、これらの大物芸術家を一堂に集める人徳と力があった。落語はプロ並み。とにかく明るくおおらかな桁違いの大人物だった。

鐵磨は父親似で大変な好人物である。人柄は誠実そのもの。二階が東京から電話すると、愛知にいても鐵磨はすぐに飛んでくる。二人の信頼関係は尋常なものではない。

福井照

ふくい・てる

昭和28（1953）年大阪市阿倍野区生まれ。東京大学工学部卒業。建設省（現国土交通省）に入省し、マレーシア・クアラルンプールへの派遣や掛川市役所への出向、建設省都市局都市計画課都市交通調査室長などを歴任。1999年建設省辞職。2000年衆議院議員初当選。現在7期目。内閣府特命担当大臣、文部科学副大臣、農林水産大臣政務官、衆議院文部科学委員長・沖縄及び北方問題に関する特別委員長などを歴任。現在、自由民主党経理局長、自由民主党高知県連会長。

二階俊博幹事長の懐刀と呼ばれる政策通が緊急メッセージを

福井照は、旧建設省（現国土交通省）に入省し、海外勤務や地方出向なども経験した国際感覚も地方の実情にも通じた政策通として知られる。理性を重んじ、落ち着いた思考ができる大変優秀な知識人である。大臣に回就任し、その力量への評価も高い。

その福井照が、私に、「コロナ禍における重要メッセージ」を託した。困難な時を、ともに過ごす国民に、非常事態をいち早くくぐり抜け、新しい日常に戻るための、一人一人の心の構えについての福井照の「緊急メッセージ」をお伝えしたい。

Ｗｉｔｈコロナ時代の日本のあり方

1　来るべき第二波・第三波で、「死者を一人も出さない」を目標とすること。
2　リスクマネジメント体制を強化すること。
3　リスク・コミュニケーションを確立すること。
4　世界の公衆衛生に貢献する国を目指すこと。

5　世界の免疫力を高めることを日本の行政・財政のトップクオリティに置くこと。
6　東京オリパラの開催国として世界のアスリートの支援プログラムを実行すること。
7　ワクチン特効薬の開発についての国際協力の先頭に立つこと。
8　感染者追跡アプリの運用は独立機関が実施すること。
9　大規模イベント、文化・芸術・芸能・スポーツの再開を率先して実行すること。
10　新しい日常を語り合う賢人会議を常設すること。

福井照の提案する「出口戦略」とは

1　当面の経済立ち上がり（出口戦略）の考え方と手順＝「ステップ戦略」：低リスクから（抗体活用等）、地域から（大丈夫なエリアから）、インフラから（生活必需産業）徐々に進める。

A　適応・コントロール戦略（ダイナミックケイパビリティ）＝感染状況を見ながら、
・隔離・封じ込め、テクノロジー活用してロックダウンを随時活用。
・クラスター対策やPCR検査の拡大など、単一のアプローチに依存せず、多角的なデータを組み合わせた、社会的距離戦略をデータに基づいて行う。

B　大規模検査・感染者追跡戦略（抗体定着など一定の条件下が満たされれば）

・超監視国家でも、民間プラットフォーマー依存型の感染症対策ではない、民主主義下における産官学共同の感染症体制を確立する。

・ライフライン産業から順次数百万人の検査→感染者の隔離と追跡システム

・その間、オンライン業務訓練、労働移動をして、業種を拡大する。

[2] コロナと共存しながらの経済社会像はどのようなものか

① 原点回帰の経済

・株主偏重型の資本主義から、ステークホルダー型資本主義へ。

・社会貢献型資本主義＝コロナ下でも社会貢献活動が可能な職業別ガイドラインだけでなく、新しい日常の中での新しい経済ビジョンを打ちだす。

・価値共創の循環型経済＝知足経済。サンクスエコノミー（当たり前に感謝する、バリューを再認識）。ねぎらい価値（安すぎる価格を適正価格まで上げる）。

・コスト観の転換：平常時にはムダなものが急時には助けとなる（例：病床）。

・「命の経済」へのシフト（公衆衛生、食料、教育、研究、文化、情報など）。

・ルールからコモンセンス（自己判断、自律へ）。
・グローバルからドメスティックへ。

②　心地よい人間生活

・ゆったり、ゆっくりした人生・生活を加速し、そして新たな需要を創出する。
・脱・東京、脱・集中と自然との一体型の家族生活の復権。
・働く意義、心のつながりの再構築、思いあわせ哲学の確立。
・ソーシャルターゲット（利他を軸にした理念、哲学、宗教の重要性）。
・アイソレーションからコネクション、コネクションからコラボレーションへ。
・生きるを再発明する（経済合理性の歯車としての労働から、一人ひとりの生き方が先にあり、そのライフスタイルを重ねあって社会が成立する）。

③　「日本型」を活かした世界貢献

・奇跡的な低死亡率を達成したヘルスケアシステム、医療従業者の実力の検証と世界への発信。
・ワクチン開発への重点的支援＝生き残れる経済大国としての世界支援を有事に強い日本型経営の再評価。データコモンセンスの確立による途上国支援を積極的に日本が主導して実行していく。

この福井照に関して、志帥会事務局の永井等はこう語った。

「名門灘高校を卒業して東京大学工学部土木工学科に入学。そして卒業後は建設省に入省。これを聞いただけで背筋が伸びてしまう。初対面のときは、私は緊張して何も話すことが出来なかった。しかし2回目にお目にかかった時は、なんと福井先生の方から『おお、永井ちゃん』と声をかけて頂き、その笑顔を見た途端に一気に緊張感がほぐれたことを覚えている。

福井先生の魅力は、お付き合いをさせて頂けば頂くほど人間としての心の温かみを感じることだ。『誰一人見捨てない、誰一人忘れない、誰一人ひとりぼっちで寂しい思いをさせない』。これこそが国会議員としての福井先生の信念であり、実に人間愛、祖国愛に満ち溢れた人であることが分かる。福井先生は二階会長の懐刀であり、志帥会の知恵袋でもある。」

細野豪志

ほその・ごうし

1971年8月21日、京都府綾部市生まれ、滋賀県近江八幡市出身。滋賀県立彦根東高等学校を経て、京都大学法学部卒業後、三和総合研究所（現：三菱UFJリサーチ&コンサルティング）に入社。研究員としてマクロ経済予測、通商政策の立案などに携わる。2000年より衆議院議員を務める。2011年、環境大臣・内閣府特命担当大臣として東日本大震災時の東京電力福島第一原発事故の収束、再発防止に全力を尽くす。現在7期、選挙区は静岡5区。

大きな話題となった細野豪志の志師会への参加

2019年1月末、細野豪志が無所属のまま志帥会に正式に加入し、将来的には自由民主党への入党を目ざすことが発表されると政界では大きな話題となった。以前から細野豪志を知っている私には意外でもなかったが、マスコミは大きく取り上げた。

細野豪志は、衆議院当選7回、民主党政権のもとで何度も有力閣僚ポストを経験した。民主党では主要幹部として党務を取り仕切り、党代表選にも立候補した。民主党を離れた後、無所属、希望の党を経て、現在は無所属である。二〇年以上自民党に対峙するスタンスであったことから、とくにマスコミの政治記者のなかに、今回の細野の決断に驚きがあったのかもしれない。しかし、細野はもともと保守の政治家であり、基本的には二階俊博と同じ思想をもつ政治家である。驚くほどのことではないと思う。川にたとえるなら、細野という支流が二階という大河に自然に合流したようなものである。

民主党、民進党、希望の党が分裂、分解して以後、野党に絶望している議員は少なくない。できることなら二階俊博のような幅広く柔軟な考えをもつ大指導者のもとに馳せ参じたいと考えている議員は数多いだろう。彼らが沈黙しているのは、孤立するおそれを感じているからだ。細野が行動を起こしたのは、細野に勇気があったからである。

細野豪志の志帥会入会が自由民主党に与えたインパクトは大きい

細野の志帥会入りに最も大きなショックを受けたのは自由民主党の派閥リーダーたちだった。とくに細野の選挙区で小選挙区で敗れたものの他の議員の辞職によって繰り上げ当選した議員のいる岸田派だった。

二階俊博のモットーは「来る者拒まず去る者追わず」だ。「窮鳥懐に入らば猟師も殺さず」の生き方を二階は頑固に通している。

その上、二階は小選挙区制になってから、党内で競争がなくなり政治家が弱くなったことを憂いている。中選挙区制時代は、党内で激しい競争が行われた。この結果、政治家は強くなった。しかし、小選挙区制になってからは競争がなくなり、政治家の精神がひ弱になっている。しかも野党が分裂状態にある今、自由民主党内にたるみが出ている。選挙区で自由民主党候補同士が競争することによって党の強靭化をはかりたいと二階は考えている。これは、党内ではよく知られていることだ。このため楽をすることに慣れた自由民主党内に細野の志帥会入りは衝撃をもたらしているのだ。

細野は保守二党制時代の政治家である。細野は最初「非自民の保守」の道を選択した。しかし、「非自民保守」は崩壊した。細野が師と仰ぐ二階俊博のもとに、政治家の道をきわめたいと二階の門をたたいたのは非難されることではなく当然のことなのだ。

実力大型政治家としての将来に期待する

志帥会入りにあたってマスコミから「選挙区を移るつもりなのか」との質問に対し、きわめて当然のことなのだが、細野は「今の選挙区を動く考えは全くない。選挙区を離れる時は、政治家を辞める時だ」と答えた。

最初に細野が静岡7区（当時）から立候補を決意した時は、知り合いも縁故もなく、ゼロからのスタートだった。なにもない中から、伊豆半島を自転車と徒歩で隅から隅まで回って歩き、住民と話をし、人々の悩みを聞くことを地道にやった。金のない細野は、旅館の風呂掃除のアルバイトをさせて

もらい、部屋の隅に休ませてもらって旅をつづけた。細野の礼儀正しく謙虚な姿勢に触れ、各旅館で働く女性従業員たちが「細野ファン」になった。細野の名は草の根に広がった。泡沫候補に過ぎなかった細野は、事前の予想をくつがえし、自由民主党の大物政治家・木部佳昭に勝った。この直後、私は木部に会った。木部は「細野君は優秀だ。会った人すべてを味方にした。今後、伸びる人だ。森田さん、細野君を応援してください」と私に語った。筋金入りの保守政治家は敗戦にくよくよしない。戦いが終われば、政治家同士ノーサイドで明るく振る舞う。

細野は選挙に強い。地元では圧倒的な人気である。しかも、細野はまだ48歳という若さである。なにより貴重な「これから先の時間」という財産が細野にはある。

細野の選挙区の静岡5区（選挙区の区割変更の為）には、小選挙区で細野に敗けたが、繰り上げ当選した自由民主党衆議院議員がいる。細野が静岡5区で立候補するということは、この議員と決戦することだ。これは自由民主党にとって悪いことではない。党内に競争が起き、政治家の精神が強靭になる。比例区議員は喜んで細野の挑戦に応ずるのが政治家のとるべき態度である。自由民主党は細野の勇気ある挑戦を喜ぶべきである。

もともと保守の政治家である細野を、羽田孜、渡部恒三、熊谷弘ら民主党の大幹部たちは、次代のリーダー政治家になると考えて指導した。羽田も渡部も熊谷も元自由民主党の国会議員だ。自由民主党が分裂し、自民党対新進党の対立軸ができた時、日本は保守二党制になった。「保守対革新」の時代は終わったのである。

自由民主党は、細野という希代の働き手を喜んで受け入れるべきである。細野は、天才的政治能力の持ち主である。静岡5区において、自由民主党の両派はオープンに明るく競争すべきである。静岡5区から、自由民主党内に新しい活力が生まれてくると思う。

吉川貴盛

よしかわ・たかもり

昭和25年10月20日生。北海道大学公共政策大学院修了。北海道議会議員（3期）、党副幹事長、経済産業副大臣、農林水産副大臣、党経理局長、農林水産大臣、党北海道支部連合会会長、党国土強靭化推進本部本部長代理、党TPP・日EU・日米TAG等経済協定対策本部幹事長、党北海道総合振興特別委員会委員長等兼職。

北海道で育ち北海道議会議員として政治の世界に入った

誕生後まもなくから北海道余市郡余市町で育ち、少年時代を過ごした吉川貴盛は、大学を卒業すると、鳩山威一郎、鳩山邦夫の秘書を務めたことが、政治の道に入る原点となった。そして、1978年には北海道議会議員に立候補し、28歳の若さで初当選を果たす。当時、北海道議としては、戦後生まれでは最年少の当選であった。

その後、北海道議会において、着実に仕事をし、道議を3期にわたって務め、実力地方政治家として地元では高い評価を得ていた。そうした実績を買われ、1996年の衆院選にチャレンジした。吉川の北海道2区は、自由民主党が強い地盤ではなく、苦戦した。小選挙区では当選は叶わなかったが、比例復活で衆議院での初当選を果たした。

吉川は、持ち前の行動力を発揮して選挙区をくまなく回り、少しずつ支持者を増やしていった。道議会議員として抜群の実績もあり、保守が弱い地域で支持を得られるような日常活動を展開した。2000年には小選挙区で勝利した。だが、以降もきびしい選挙がつづいた。落選の憂き目をみたこともあったが、その苦しい期間が吉川を育てた。じっくりと選挙区を回り、人々の声に真摯に向き合いつづけたのが吉川だ。

衆議院議員として、２００８年福田康夫内閣では経済産業副大臣に、また麻生太郎内閣でも経済産業副大臣を務め、その能力を発揮した。２００９年、自由民主党に大逆風が吹き荒れた衆院選で苦杯をなめたが、その苦境で力をつけ、２０１２年衆院選では、民主党のライバル候補に比例復活も許さぬ大勝利で３年ぶりに衆議院に復帰した。その後の選挙でも勝ち続け、現在は通算６期のベテラン衆議院議員である。

農林水産大臣として初入閣し活躍

吉川は、２０１８年秋の第４次安倍改造内閣において農林水産大臣に抜擢され、初入閣を果たした。もともと、北海道という食料生産基地をバックボーンとする政治家である吉川は、農林水産大臣として手堅い政治手腕を発揮した。在任中に、豚コレラ（現：豚熱）問題が発生し、畜産業界が大混乱に陥った。北海道出身の農林水産大臣として、畜産業界のため、吉川は身を粉にして働いた。この働きは高く評価されている。

また、私が吉川の農林水産政策のなかで高く評価するのは、捕鯨をめぐっての対応である。日本政府は、国際捕鯨委員会が日本の捕鯨に対して不合理な制約を強制することに反対し、国際捕鯨委員会から脱退する方針を固めた。日本の食文化の観点から、国際社会に対して日本の捕鯨の立場を明確に示し、将来的に資源を保護しながらつづけられる商業捕鯨も再開できる方向をめざすことを表明した。これは、吉川が属する志帥会の二階俊博の持論でもあり、わが国の伝統文化の一環としての食文化を守ることにもつながる。

ふるさと北海道を力強い食料基地にしたい

吉川の選挙区である北海道2区は、札幌市北区・東区などを地盤とする地域である。かつては札幌市のなかでも有数の農業地帯であり、近郊農業が盛んであった。しかし、札幌が北海道の中心として大発展を遂げる高度成長につれて、次第に宅地化が進んでいった。比較的廉価で土地が入手でき、かつ札幌の都心に通勤もできるというメリットが多くの人たちにとって魅力でもあった。より多くの人の住宅を供給するという視点から、団地が造成されたり高層マンションや公営住宅が多くなっていった。

だが、北海道全体に目を転じれば、日本にとって北海道が果たす食料基地としての使命は、今も少

バーデュー米国農務長官と会談を行う農林水産大臣の吉川貴盛

しも変わらない。むしろ食の安全保障という観点からは、日本の食料自給率を少しでも確保して行くためには、北海道の農林水産業なくしては不可能である。北海道は広い。同じ道内でも、それぞれの地域ごとに異なった課題に直面している。それらを一つずつ解決し、ふるさと北海道に暮らす人々の力になりたいと吉川は考えている。

　吉川は、農林水産大臣の経験から、北海道のみならず日本全土にわたっての農林水産業の振興の必要性を痛感している。農林水産業に携わる人々の悩みを知り、日本の農林水産業がおかれているきびしい状態を誰よりもよく分かっているのが、吉川である。農林水産業に従事する人々だけでなく、観光立国の観点からも、そして本当の意味で国土強靭化を実現し、維持していくためにも吉川は、日本の第一次産業を力強いものにしていかなければならないと考え、国政の場で日夜、努力を怠らない。

地元の北海道においては、ベテラン衆議院議員として強いリーダーシップを発揮し、自由民主党北海道連会長として、抜群のバランス感覚で北海道に活力を生み出すエンジン役を果たしている。人が見ていないところで汗をかくのが吉川だ、と古くから吉川を知る人たちは語る。たたき上げの苦労人であり、見えないところで苦闘している人への温かい配慮を忘れない吉川は、北海道の浮沈を握る最重要政治家と目されるようになった。

吉川は、志帥会においても縁の下の力持ち的な貢献をしている。かつて、大阪で志帥会の夏季研修会が催された時には、運営委員長として煩雑な業務のすべてを取り仕切って、2千人もの参加者が集った研修会を見事に成功に導いたのが、吉川だったという。現場主義をモットーとし、災害や今回のコロナウィルス対策でも、いち早く行動を起こした吉川に、人々は信頼と期待を寄せている。私は、吉川のさらなる活躍を願っている。

山口壮

やまぐち・つよし

昭和29（1954）年兵庫県相生市生まれ。東京大学法学部卒。米国ジョンズ・ホプキンス大学大学院より博士号取得（国際政治学博士）。外務省総合外交政策局国際科学協力室長、在英大使館一等書記官、在中国大使館一等書記官を歴任。現在、衆議院予算委員会委員、自民党選挙対策委員会副委員長、自民党部落問題に関する小委員会委員長、自民党交通安全対策特別委員会事務局長。

外交官から衆議院議員に転身したエリートだが庶民感覚を身に着けた苦労人

山口壯は、日本の国家百年の計を立案・推進しようと決意して外務省に入省し、外交官として活躍してきた。

外交官人生のなかで、政治の力でなければ実現できない事項が多いことに気づき、政治家に転身。民主党の衆議院議員となり、野田佳彦内閣では外務副大臣に就任した。副大臣時代に野田内閣の無謀な尖閣国有化の手順に反対し、日中友好のために努力したが、受け入れられずに尖閣国有化が進められてしまった。

山口は、民主党を離党して、無所属で2014年の衆院選で勝利した。その前年の2013年末には、新進党時代に出会い政治の師と仰ぐ二階俊博の志帥会に参画した。後に、自由民主党への入党が認められ、現在に至っている。志帥会に自民党以外からも有為な人材が集まってくる嚆矢が山口壯といえるだろう。

山口壯は、折にふれて私を訪ねてくれる、すばらしい人物である。きわめて深い洞察力を持ち、誠実で常に真剣である。外交については他の追従を許さぬ情報収集力と分析力をもち、独自の見解を披露してくれる。世界中に有力な人脈を築いている。国際外交の機微や各国間の思惑なども含め、私は、貴重な情報と見方を山口から得ている。

あまり知られていない山口の日常活動がある。

それは、山口自身が筆をとって発行しているファクシミリでの「山口つよしのＦＡＸだより」だ。ＩＴ全盛の昨今ではあるが、すべての人がデジタル情報に身近に接することができるわけではない。山口壮は、そのことを熟知していて、時々の政治的課題や問題点について、自筆で分かりやすい言葉で解説を施して発信している。私は、「山口つよしのＦＡＸだより」の熱心な読者である。教えてもらうことが多い通信だ。目立たないが、政治家として素晴らしいことだと私は思う。

山口壮が選挙に強い秘訣の一つは、このように国民一人一人のことを想い浮かべながら政治活動を展開しているからだろう。

衆議院議員として所属政党が新進党、民主党、無所属、そして自由民主党と変わることになったのだが、日本の国家百年の計を案じ、日本の為を想う志から、自らの信念に忠実に筋の通った行動をしてきた。

「部落差別の解消の推進に関する法律」の議員立法を実現した

山口壯が外交についてのスペシャリストであることは万人が認めるところだ。少し意外だが、その山口が成し遂げた大きな業績の一つが、「部落差別の解消の推進に関する法律」を議員立法で成立させたことだ。部落差別解消は、二階俊博の宿願でもある。二階の強い要請に応え、山口壯は煩雑な立法化に全身全霊を込めて臨み、とうとう立法化を実現したのであった。山口は述懐する。

「二階先生のライフワークの一つを少しでもお手伝いできたとしたら嬉しい。部落差別解消という問題は、当初は日本だけの国内問題だと思っていた。しかし、よく考えてみれば、最近、世界に差別的風潮が高まり、政界のリーダー達の中で差別的発言をする者が増えている。そうした状況下で日本が、差別はよくないと、明確に法律で宣言したことの意味は非常に大きいことに気づいた」

山口壯の指摘は鋭い。「部落差別の解消の推進に関する法律」は理念法であって、罰則の規定もなく法的拘束力を伴う内容ではない。だが、法治国家が明確に「不当な差別を解消すべきだ」と立法をもって宣言した意味は非常に大きい。世界に範たる日本の姿勢を示すことであり、ひいては世界の差別を解消するための一石を投じたことになるのではないか。

国会見学の生徒さんたちと

山口壮は、この「部落差別の解消の推進に関する法律」によって政治家として、スペシャリストからゼネラリストへと、大きく成長したように私は思う。

スケールの大きい国際的視野からの外交政策立案能力に期待する

山口壮は、「日本の国家戦略をどう創っていくべきか」という大きな視点から、日本の国家外交のあり方を模索している。近視眼的な対処療法としての外交ではなく、国家戦略としての外交の重要性を説く。ことに、アメリカ、中国を視野に入れた外交戦略について深い研究を重ねている。日本の置かれた地政学的な要素を勘案するなら、ロシア・日本・中国・韓国などが、アメリカにも声をかけながら北東アジア連携を考えていくべきだという山口壯のビジョンは貴重だと思う。そう時日を経ずして、山口壯が外務大臣に就任する可能性は高いと私は思うし、また、日本のために、そうあってほしいと願う。

山口壯は、選挙に強い。最初は無から出発したが、一人一人と語り合い、山口の誠実な人柄とすぐれた政治家としての資質が多くの有権者に認められ、強力な選挙地盤を築きあげた。政界有数の選挙プロである。この強さは、政治の師である二階俊博から学びとったものだ。二階学校の最優等生といえるだろう。私は、山口壯が野党にいた頃、何回か兵庫県での山口壯後援会の会合に参加したが、すばらしい支持者に囲まれていると感心した。こうした心強い支持者が山口壯の政治活動を支えている。

私は、山口壯はトップになりうる卓越した政治家だと見ている。山口壯のさらなる精進と幅広い活躍を大いに期待している。

現在の日本政界をみると、第二次大戦直後に比べると、国際派政治家が少なくなっている。第二次大戦後に日本政治を担ったのは国際派政治家だった。大きな変動期には、国際派政治家が必要である。山口壯は最も有力な国際派政治家である。

谷公一

たに・こういち

昭和27（1952）年兵庫県香美町（旧村岡町）生まれ。明治大学政経学部卒業後、兵庫県に就職、20代に5年ほど、自治省に出向。阪神・淡路大震災の復旧・復興に従事し、兵庫県防災局長などを経て退職。平成15（2003）年、衆議院議員に当選（連続6期）。衆議院国土交通委員長、東日本大震災復興特別委員長、復興副大臣（2期）、復興大臣補佐官、国土交通大臣政務官、党副幹事長、政調副会長などを歴任。現在、党総務会副会長、党兵庫県連会長、兵庫県養父市在住。

阪神・淡路大震災の経験が政治家としての基盤となった

谷公一は、父が地方議員、町長などを経て衆議院議員を務めていたこともあり、少年時代から政治家という仕事の大切さを身近に感じていたという。大学卒業時に国家公務員試験甲種に合格したが、中央官僚の道ではなく、あえて兵庫県庁に就職し、県職員となった。県庁では、主に財政畑を歩み、予算作成を担当してきた。

1995年の阪神・淡路大震災を県庁職員として自ら経験したことは、政治家を志す大きな動機となった。多くの犠牲者が出てしまった大震災において、住民や国民の命を守れなかった行政・政治とはいったい何だったのか。何が欠けていたのか。この災害への真摯な反省が政治にあるのだろうか。県庁の職員として、大震災に直面し、被災地のみならず、戦後日本の潜在的課題があらわになったと痛感したという。

衆議院議員として、谷公一は、第一に地方創生、持続可能で魅力的な地方を創出することを目ざしている。第二に、防災・減災・国土強靭化の推進と災害復興・危機管理に力を入れてきた。第三は、日本がかかえる少子高齢化対策など次世代のための施策を拡充していくことをあげる。誠実で真面目な政治家である。

広い選挙区をひたすら現場第一主義で回っている

谷公一の選挙区兵庫5区は、三千キロ平米を超えるという関西では二階俊博の和歌山3区と並んで広大な面積にわたっている。日本海に面した地域から大阪のベッドタウンまで、車でも優に3時間半を要するのだという。農漁村もあり、スキー場が十箇所以上もある豪雪地帯もある。過疎地域もあり、また大都市近郊の都市問題にも対応が求められる選挙区である。多様なニーズに対応することが求められている。

谷は、この多様性があることを前向きにとらえている。「農漁村があり、神戸ビーフ、但馬牛、松葉ガニ、丹波篠山の黒豆、山の芋など自慢できる食材も豊富です。日本の縮図のような選挙区だけに、政治家として広範な課題に対峙できることを嬉しいと思います」と語る。こうした数多い課題に対応していく時、谷が志師会に身を置いていることは、大いにプラスになっている。谷の父親が代議士だった頃、中曽根派＝渡辺派に属していたこともあり、谷も当然のように志帥会に入会したのだが、政治家としてのあり方を二階俊博を範として日々、努力を続けている。情があり政治的幅の広さ、そして抜群の実行力は、二階俊博の姿に学んだ賜物と思われる。だから谷は選挙に強い。二階ゆずりである。

谷は二階の「現場第一主義」を自身の政治姿勢として貫いている。とにかく現場を回り、人々と会って、第一線で頑張っている人たちのために政治が何ができるのか、何をすべきなのかを常に心がけている。

地域の偉人「齋藤隆夫」を深く尊敬し敬愛している

谷公一が、尊敬する人物として躊躇なく名をあげたのが、齋藤隆夫である。戦前、軍部が日本社会を牛耳っていた時代において、二・二六事件直後には国会で粛軍演説を行い、その4年後の1940年には有名な反軍演説をして軍部を批判した。そのため直ちに国会から除名処分された。

1942年に、いわゆる翼賛選挙が実施される。政府の戦争遂行政策を支持する候補者を翼賛政治

日本砂防の父とも呼ばれる赤木正雄氏（兵庫県出身）が計画した立山連山・白岩砂防堰堤を視察

体制協議会が推薦し、非推薦候補には著しく不利な選挙干渉が加えられた選挙だった。当然、齋藤隆夫は東条批判の先頭に立っていたので非推薦だった。選挙結果は当選議員の8割以上が翼賛会推薦候補で占められたのだが、齋藤隆夫は圧倒的得票数でトップ当選を果たした。

尊敬する人物として谷公一が、齋藤隆夫の名をあげるのは、たんに郷土の偉人というだけではなく、政治家として確固たる信念を貫き、極端に不利な翼賛選挙においてすら齋藤隆夫をトップ当選させた選挙区・選挙民を誇りに思っているからである。それが、谷公一の兵庫5区である。兵庫5区には、戦前から脈々と続く民主主義の尊い伝統が根付いているのだ。齋藤隆夫の気骨を継承する政治家たらんと努力している谷公一を私は立派だと思う。

すでに没後七〇年以上経ているのだが、兵庫5区の人々は今でも齋藤隆夫を顕彰する催しを毎年実施している。

第二次大戦後の保守政党は自由党と改進党＝民主党の二つの系統に分かれて出発した。この二党が統一したのが1955年の保守合同による自由民主党の結党である。谷の父・洋一が属した中曽根派の源流は鳩山一郎である。鳩山一郎引退後、この系統のリーダーは河野一郎だった。中曽根康弘は河野派を継承した。この意味で中曽根派は保守本流である。吉田茂を源流とする政治家のグループは池田勇人派と佐藤栄作派に分かれたが、これも保守本流といわれてきた。保守本流は二つあった。

現在の二階派は、中曽根派系と亀井静香派（源流は中川一郎派）と二階派（田中角栄派が源流）が合体したものである。

谷公一は、「驕らず、怯《ひる》まず、へこたれず」を信条とする保守本流の継承者である。谷は地道に行動しているが傑出した政治家である。さらなる努力精進を重ね、大成することを私は期待している。

武田良太

たけだ・りょうた

国家公安委員会委員長、 行政改革・国家公務員制度・国土強靭化担当大臣、 内閣府特命担当大臣（防災）、 衆議院議員亀井静香秘書、 防衛大臣政務官、 党福岡県支部連合会会長、 党選対局長代理、 党国防部会長、 衆議院安全保障委員長、 防衛副大臣、 党スポーツ立国調査会幹事長、 ラグビーワールドカップ2019日本大会成功議員連盟 幹事長、 党幹事長特別補佐兼副幹事長、 党地方創生実行統合本部筆頭副本部長、 党安全保障調査会会長代理。

危機管理の第一線で将来を見すえた大事業に取り組む

武田良太は、2019年秋、派内同期当選の議員のなかで最初に初入閣を果たし、国家公安委員長、行政改革担当大臣、国家公務員制度担当大臣、国土強靭化担当大臣、内閣府特命担当大臣（防災）に就任した。その職務の中核は、まさに危機管理を一手に担当するポストである。

就任直後に、大型台風の襲来により日本列島は、これまで台風被害とは無縁だった地域も甚大な被害にみまわれた。武田良太は担当大臣として、獅子奮迅の活動を展開した。

昨年秋、各地を襲った水害では、日本のどの地域においても自然災害と背中あわせでの生活を余儀なくされていることを思い知らされた。防災・減災・国土強靭化の必要性を、国民も再認識せざるを得ないものだった。

この災害に際して、武田はこれまでの対応を一歩進めた「プッシュ型支援」を実現した。被災者側からの支援要請がなくても、必要なものは迅速に支援体制を整え支援するというものだ。その内容は、自衛隊の出動、赤十字等の活動、水や食料などの提供を地域や被災者の要望を待たずに行うものである。きわめて適切な対応策である。

危機管理の第一線で指揮をとりつつ武田は、より大局的な見地からの考察を加えている。これまで生活の利便性のみで国土や街づくりをしてきた面があるのではないか。自然に対して謙虚になり、気候変動や人間の力ではどうしようもない自然力に注意を払いながら国土形成を図るべきだと主張する。そして、国土強靭化の本質は、国民一人一人も災害時にどう行動すべきかの意識改革が求められていると指摘する。

目の前の災害に対しての対処方法だけに目を奪われることなく、将来への目配りができるのは、武田ならではのことだ。

新型コロナウィルス感染症は新たな国土強靭化の構築が求められる

さらに、今回の新型コロナウィルス感染の拡大は、全く新たな災害対応の必要性を呈示している。こうした感染拡大が進むなかで大規模自然災害が発生した場合、避難所をどう運営するかという問題が生じる。避難所の衛生面の配慮のみならず、感染防止のためには、一人一人のスペース確保が重要となる。それは避難所の絶対的数量を災害が起こる前に準備しておかなければならない。災害準備対応を各自治体に委ねるだけではなく、国全体として平時にこそ国全体の防災資源を内閣府が一元管理しておくことが不可欠だと武田は強調する。私は、そのとおりだろうと思う。今回のコロナ禍は、災害というものは自然災害だけではなく、こうした感染症・疫病も災害であり、国土強靭化の重要な要素として考えなければいけない。

武田は言う。「今回のコロナで、感染症は人々に自然災害を上回る脅威を与えるものだという貴重な教訓を学びました。感染症も災害なのです。こうした感染症が蔓延したときの社会構造をどうすべきか。国家と個人・家庭が、これまでとは全く違った視点から考える必要性がクローズアップされています。いわば、新国土強靭化を模索しなければなりません。そして、このコロナ禍の渦中にあえぐ私たちですが、この教訓を次代にどう伝えていくかが求められています」

志帥会で培った大局的視点からの発想と的確な政策実現

未曾有の危機に際して、きわめて適切な対応を行い、目前の課題のみならず、次代への目配りもできる武田良太である。こうした能力は、武田の生来のすぐれた資質に加え、現在に至るまでの努力の結晶であると、私は思う。武田は、衆議院初出馬から十年という雌伏の時を経て初当選を果たした。この間の努力は、武田を本物の政治家にしていくための貴重な試練であったといえる。

そして、志帥会においては、すぐれた先輩に恵まれた。二階俊博からは時代の先を読みとることを学び、伊吹文明からは理詰めで物事をとらえる重要性を、さらに大臣として第一線で指揮をとる実行力は河村建夫から伝授されたのだろうと思う。武田が大臣として存分に力を発揮できているのは、先輩議員や同輩の力強いバックアップがあるからだ。

令和元年 10 月 20 日　安倍総理に同行しての長野県被災地視察

武田の母親は、中曽根内閣時代に自民党幹事長として活躍した田中六助の妹である。武田は早くから政治家をめざしたが、選挙をよく知る母親は反対した。武田は親の反対を押し切って、亀井静香の秘書となり政治家を志した。亀井静香にきびしく鍛えられ成長した。それから地元に戻り、徒手空拳で強大な既存勢力に挑み、何度もはね返されながら、選挙区に強大な基盤を築いた。今は選挙に最も強い議員の一人である。

かつて武田の選挙区を訪ねたことがある。武田の支持者のすばらしさに感動した。立派な紳士・淑女たちが、武田を心底から愛し、信頼している。武田は今日までの努力を通じて、強靭な精神力と政治家魂を身につけた。武田には大きな可能性がある。武田はすぐれた政治的センスの持ち主である。目線はつねに国民とともにある。誠実で謙虚である。政治のアートを心得ている。人の心を見抜く能力も高い。緒方竹虎、中野正剛、田中六助ら福岡県出身の偉大な先輩政治家の魂の後継者になりうる能力を備えている。

私は、武田良太が日本のトップリーダーになる可能性を信じ、大いに期待している。

小泉龍司

こいずみ・りゅうじ

埼玉11区選出。当選6回。昭和27（1952）年生まれ。昭和50年東京大学法学部卒・大蔵省入省。平成6年大蔵省証券局調査室長。平成12年衆議院議員初当選。平成15年自民党副幹事長。平成17年郵政選挙で落選、自民党離党。その後、4回の衆院選を無所属で当選。平成29年自民党復党。現在、自民党国際局長。志帥会政策委員長。

小泉龍司

米国留学中に「アメリカ社会の分断」を痛感して政界へ

１９９３年から翌年にかけて、小泉龍司は当時在職していた大蔵省から米国コロンビア大学に留学した。この頃のアメリカは冷戦終結後、新自由主義が急速に拡大しつつあり、小泉がアメリカで見聞する事象に、所得分配の不均衡や不平等の拡大など、今日のアメリカ社会の深刻な分断を予測させる状況に遭遇したという。「日本も遠からず、必ずこのアメリカ社会の後を追う」と確信し、小泉は大きな危惧をいだいた。

米国社会の病巣を自らの眼で見た小泉は、日本が間違いなく迎えるであろうこの危機にどう処すべきかを熟考した。

その結果、「この危機には、政治の力で立ち向かうしかない。それこそが、自らの使命だ」と強く感じた。そして、これが政治家の道をめざすきっかけとなったのだった。

小泉が留学した米国の状況は、現在は、さらに悪化している。そして日本も新自由主義の弊を蒙り、国民間の格差の拡大、非条理な社会構造など、国民の分断が進んでしまっている状況である。これを是正するため、新しい「生活・雇用保障システム」の構築が不可欠である。ことに、今回のコロナ禍のもとでは、政治の果たす役割はきわめて大きい。

小泉龍司は、トランプ大統領による極端な保護主義政策、イギリスのＥＵ離脱など、最近の欧米における政治的混乱の根幹には、中間層の不安定化があると指摘する。

日本は、まだ欧米のような「深刻な政治的分断」には至ってはいないが、このまま推移すれば、中間層の没落と所得分配の二極化により、国民が政治的に大きく二分化される恐れがある。小泉の政治目標は、この社会分断を阻止し、団塊世代が後期高齢者となる２０２５年、団塊ジュニア世代が高齢者となる２０４０年を乗り越えるために新たな生活保障・雇用スキームを早急に作ることにある。

それは、容易な作業ではない。雇用・教育・イノベーション・税制・社会保障と多方面の分野を横断的に再構築を図らなければならないからだ。現在の縦割り行政のもとでは困難な仕事だ。

非常に優秀な官僚として行政組織・財政・金融を経験し、国際感覚豊かな小泉龍司であれば、この難作業をきっとやり遂げることができるだろうと、私は期待している。

豊かな自然と優れた知的風土が小泉龍司を育んだ

小泉龍司の故郷は、関東北部に位置する田園や森林に囲まれた緑が豊かな地である。東京に隣接する地であり、近郊農業が盛んで東京圏への野菜や花卉類の出荷も多いことで知られる。同時に、秩父は、北関東を代表する景勝地であり、多くの観光客が注目する地として近年大いに人気がある。

私も小泉龍司に誘われ、有名な秩父夜祭りを見学したことがある。小泉とともに、行列の先頭を歩いた体験は、今も忘れることはできない。小泉龍司は秩父市民に愛されていた。

秩父夜祭りは、ユネスコ無形文化遺産に登録されている秩父神社の例祭であり、提灯で飾り付けられた笠鉾・屋台の山車引き回しは壮観だった。京都の祇園祭、飛騨の高山祭とともに「日本三大曳山祭」に数えられるものだという。

秩父夜祭りは、三百年以上の歴史を刻んだものであり、こうした幅広い伝統文化を背景に、この地からは多くの知的学術文化の偉人を輩出している。

近世では、塙保己一の出身地として著名である。視力を失いながらも名著『群書類従』『続群書類

小泉龍司と二階俊博幹事長（2020 年 1 月、ベトナム訪問の際）

従』の編纂を成し遂げた。また、近代では日本資本主義の父・渋沢栄一が深谷に生を受けている。渋沢も大蔵省に出仕後に実業家に転身した。俳人・金子兜太も秩父出身である。こうした知的偉人が輩出される背景には、この地方の伝統文化継承の土台の上に文化学術が構築される風土が大きく影響している。

小泉龍司も、郷土の偉人たちと同じ軌跡を歩みつつあると思う。

「凡事徹底」を座右の銘とする実直な人柄

小泉龍司は、「政治家としての基本は、国民・有権者の声を直接聞き、信頼を結ぶこと。二階先生に学んだ政治姿勢です」と話す。

事実、郵政選挙後に落選して浪人中に、小泉は地元の十万軒の家々を訪問し、一人一人の声を直接聞くことを実践した。なかなかできないことだ。小泉の座右の銘は「凡事徹底」である。政治家として大きな展望をいだきながらも、日々の些事を疎かにすることなく、黙々と努力する小泉の姿は尊い。

小泉純一郎内閣が、郵政民営化を強行した時、私は小泉純一郎内閣をきびしく批判し、小泉政権に反抗した政治家を応援した。選挙応援で、私は全国各地を駆けめぐった。秩父にも行き、小泉龍司を応援した。しかし、残念なことに、敗北した。

この時、私は、小泉龍司の両親と家族、支持者と会った。皆立派な紳士・淑女で誠実な信頼できる人々だった。小泉龍司は真っ直ぐな人格者である。小泉龍司は落選中、選挙区を駆けめぐり、対話を継続し、有権者の圧倒的支持を獲得するに至った。

小泉龍司は、努力の人であり、日本の政界の宝である。これからの大活躍を期待している。

長島昭久

ながしま・あきひさ

昭和37（1962）年神奈川県横浜市生まれ。幼稚舎入学から23年慶應義塾に学び、昭和63（1988）年、同大学院法学研究科修士課程修了（憲法学）、平成9（1997）年米国ジョンズ・ホプキンス大学高等国際問題研究大学院（SAIS）修士課程終了。米国外交問題評議会上席研究員を経て平成15（2003）年衆院議員初当選（現在6期目）。防衛大臣政務官、内閣総理大臣補佐官、防衛副大臣等を歴任。現在、衆議院安全保障委員会筆頭理事。府中市在住。

若き日に国際政治への強い関心を抱いて学びを深めた

長島昭久は、幼稚舎から一貫して慶應義塾で学んだ。高校3年生の冬、ソ連の「アフガン侵攻」に接し、日本の政治家たちが政争に明け暮れる現実に大きな疑問を抱く。広い視野から国際政治をリードできる政治家の存在が必要だと実感したという。長島は法学部法律学科に進み、さらに学士入学で政治学科でも学んだ。そして大学院法学研究科に進学し、当時新進気鋭の憲法学者・小林節教授のもとで憲法学を究めた。大学院博士課程在学中に石原伸晃衆議院議員の公設第一秘書に就任し、新人代議士の地元で地道な後援会づくりに邁進し、政治の現場でのきびしさも体験する。

そんな長島は、一念発起して単身米国に渡って学びを深めることを決意した。結婚したばかりだった妻を日本においての単身武者修行だった。やがて妻も呼び寄せ、米国で二人の娘を授かった。研究者として頭角をあらわし、ヴァンダービルト大学の客員研究員に就任。さらにワシントンDCのジョンズ・ホプキンス大学高等国際問題研究大学院（SAIS）で修士号を取得。1999年には米国で最も由緒あるシンクタンク・外交問題評議会で日本人初の上席研究員（アジア政策担当）に就任し、米国において数多くの知己を得ることができた。

長島にとって、この米国での体験は、大きな財産となった。アメリカ政・官・学界で出会った多くの人たちは貴重な存在として、以降、長島の活動において様々な側面で支えとなってきている。徒手空拳で米国で苦労して地歩を築いたことは、粘り強く、自らの志に忠実に精進しつづける長島の真骨頂といえるだろう。

いても立ってもいられずに日本に戻り政治の世界にチャレンジした

長島には、アメリカにいるからこそ見える日本の姿があった。国際社会で日本がわずか１０年間のうちにみるみる存在感を失っていく祖国日本の衰退の状況だった。２０００年３８歳の時、単身帰国して衆議院議員補欠選挙に初挑戦した。しかし、現実は甘くはなかった。落選の現実をつきつけられ、毎日毎日駅頭に立って政策を訴え、一軒一軒の家を訪ねて人々との地道な対話をつづけた。次第に長島の人柄と誠実さが地元の人々に伝わっていった。

そして、２００３年の衆議院議員選挙に再度のチャレンジを試みる。力づよい後援会パワーの支援もあり８万票を超える得票で初当選を果たした。以降、きびしい選挙区で小選挙区で議席を失い比例復活での当選もあったが、通算６期にわたって衆議院議員を務めている。

長島の初立候補の時から地元でその活動を見続けてきた人は、「長島議員は地元の小会合によく来てくれ、会場のかなり手前で車を降り、参加者と共に歩きながら気軽に会話を交わしていました。飾らない人柄が伝わってきました」と述べていた。地元を大切にし、政治の基本が住民一人一人との交流にあることを熟知している長島らしい話だ。

その間、２００９年鳩山由紀夫内閣で防衛大臣政務官、野田佳彦内閣では内閣総理大臣補佐官に就任し外交・安全保障を担当、さらに防衛副大臣を務め北朝鮮のミサイル対応などに当たった。長島の国際関係への広い視野が政治の現場で活かされることになった。

国会でも衆議院安全保障委員会筆頭理事、外務委員会筆頭理事等を歴任した。だが、２０１７年民進党（旧民主党）が共産党との選挙共闘の方針を受け入れたことに反対し、離党を表明した。その後、希望の党の結成、地域政党・未来日本の設立、衆議院会派・未来日本の結成などに携わったが、無所属衆議院議員としての活動に限界も感じ始めていた。

自由民主党に加わり志帥会の一員として大きく飛躍してほしい

長島昭久は、もともと保守二大政党論者であり、将来のための政策実現に邁進するため、２０１９

地域の方々との交流が政治活動の原点（武蔵野市の杵築大社豆撒き）

年、自由民主党への入党を決意した。入党にあたって尽力してくれたのは、菅義偉官房長官と林幹雄自由民主党幹事長代理だった。

長島が政治家としてのロール・モデルとしているのは故・中曽根康弘元総理である。国際社会の中で日本の立場を鮮明に標榜し日米同盟の質的転換を図った国際政治家として長島は中曽根元総理を畏敬している。だから、長島が政治家として自由民主党入党に至ったのは当然の帰結ともいえる。

２０１９年６月２７日、長島は二階俊博幹事長に入党届けを提出した。この時、二階は長島を力強く励ましたという。

そして２日後には、林幹雄、細野豪志をも含めた昼食会に二階は長島を招いてくれた。さらに和歌山にべトナムの首相が来るから、長島にも参加するように声をかけてくれたという。

長島は言う。「二階先生の懐の深さ、野党にいた人間が自民党に来てさみしい思いをしてはならない。そういう言葉だけではない心の触れ合いを二階先生はしてくださいました。いま、私は、わくわくしています。新人議員のつもりで志帥会で鍛えていただき、大いに働いていきたいと思っています」

こう語る長島は、はつらつとして元気いっぱいである。その姿は、長島が理想とする中曽根康弘の姿を彷彿とさせるものがある。

日本はいま、歴史的大転換期に直面している。大転換期に必要なのは長島昭久のような国際的視野をもつ有能な政治家である。長島昭久は中曽根康弘と二階俊博という二大天才政治家の魂の継承者となりうる逸材である。二階俊博のもとで大きく羽ばたくことを期待している。長島昭久の未来は明るい。日本のために大活躍してほしいと願う。

鷲尾英一郎

わしお・えいいちろう

昭和52(1977)年生まれ、新潟県新潟市出身。東京大学経済学部卒業後、新日本監査法人入社。公認会計士、税理士、行政書士。2005年郵政民営化選挙にて民主党より初当選(以降5期連続当選)。農林水産大臣政務官、環境委員長、党行政改革推進本部副本部長。2019年3月に自民党入党。同9月志帥会入会。

念願の国会議員となり5期連続で議席を得る

鷲尾英一郎は、まだ43歳だが衆議院当選5回を誇る。ことに5選目となった平成29年の総選挙では、どの政党からも支援を受けず、徒手空拳で議員バッジを勝ち取った。

鷲尾英一郎の国政デビューは28歳のときだ。平成17年の総選挙で民主党から新潟2区に打って出た。小選挙区では敗れたものの、比例で復活当選を果たし衆議院議員となる。

両親から人のためになれと言われて育った。生まれた新潟は田中角栄の出身県で、郷土の偉人として憧れを抱き、いつしか政治家になる夢を抱くようになった。

大学時代に自民党、社会党、さきがけによる連立政権が誕生した。凄いことが起きていると衝撃を受け、そんな激動の政治の世界に早く飛び込みたいと思ったが、親戚一同を含め周囲に政治家はいない。企業に就職してしまえば政治家への道は絶たれると考え、故郷新潟市に帰って公認会計士になり、時機を待つことにした。

あるとき、民主党の国会議員に話を聞く機会があった。鷲尾は保守を標榜し、岸信介を尊敬していた。岸は健全な保守による二大政党論者だったが、この説に共感した鷲尾は憲法改正も否定しない民主党を健全な保守勢力と見た。

野党に入って保守二大政党を展開してもいいのではないか。そんな思いから民主党に入党し、初選挙に挑んで国会議員の議席を獲得したという流れである。

二階俊博から声をかけられ志帥会に入会

民主党を経て民進党に参加した鷲尾だが、その民進党が希望の党に模様替えをすると合流を拒否し、完全無所属の道を選んだ。共産党と結ぶまでになり、もはや健全保守とはいえず、自分のいるべき場所ではないとの判断からだった。そんなことから5選目は大逆風の選挙となったが、徹底的に地元の人々と対話する選挙で議席を渡さなかった。

平成３０年の新潟県知事選では、反共産党の立場から自民党の花角英世を応援した。この新潟知事選は、前任知事の不祥事による辞任で行われたものだったが、自民党にはきびしい情勢の戦いだった。花角は、国土交通省時代からよく知る仲だったので、私は何度も新潟入りして支援したので、当時の状況はよく理解できる。自民・公明の支援や、鷲尾など保守層の支持を得て、花角は当選を果たした。花角は二階俊博が運輸大臣のときの大臣秘書官だったことから二階、さらに志帥会重鎮の林幹雄との縁が生まれる。そして花角の当選祝勝会の場で二階から声をかけられた。

「自民党に入る気持ちがあるなら、いつでもオレが引き受けるよ」

初めてゆっくりと話した機会での言葉に衝撃を受けた。二階は直感的に鷲尾の将来が見えたのだろう。

その後に実施された新潟市長選でも自民党の候補の応援にまわった。鷲尾は、この選挙でも「選挙は他人の選挙ほど全力を尽くす。田中角栄先生流です。周囲のみなさんも、よくやってくれたと言ってくれました」と語る。そうした鷲尾の様子を見た地元の自民党新潟県連の人々が入党を勧めてくれ、平成31年3月に自民党入りした。

さらに令和と年号を替えた7月の参議院選挙では、自民党候補者を全力でサポートした。まずは人の為に汗をかく。こうした実績が高く評価され、同年9月、志帥会から正式メンバーとして迎えられたのである。

草の根の政治で地方が抱える課題を克服する

自民党への入党手続きのため党本部に行き、世話になる二階幹事長の執務室を訪れた。自分の選挙

地元の陳情でも必ず現場を見て回る

区は田中角栄がかつて地盤にした地だと伝えると、二階は「入党祝いだ」と飾ってあった角栄の揮毫を壁から外して鷲尾に手渡してくれた。一生の宝物だと鷲尾は語る。私も田中角栄の書を見たことがあるが、伸びやかで力強さを感じる筆だ。

　国会議員になり、選挙区を一軒一軒訪ねてまわると田中角栄の偉大さがより深く理解できるようになった。志帥会の門を叩いたのも、二階が角栄直系だからだった。

　田中角栄は若い頃、一軒一軒まわって地域の声を中央に届ける日々を送っていた。選挙区の隅々まで熟知し、人々の生活ぶりまで頭に入っていたのが田中角栄だ。実際、私は一時期、田中角栄研究のため地元で取材活動をしたとき、それを実感した。そうした田中角栄の言動にならい、鷲尾も草の根活動に徹する政治活動を肝に銘じる。

選挙区である新潟2区も様々な問題を抱える。金属加工業が盛んな燕市では後継者不足は深刻で、農村部では高齢化、過疎化に悩まされている。離島では災害対策が遅れ、ある農家から「このままでは暮らしていけない」と泣きつかれた。人々の中に分け入って地域の課題をあぶり出し、それを国政にどう反映させるかで頭を悩ませる日々だと鷲尾はいう。

地方を地盤にする国会議員として、地方の疲弊を犠牲にした東京一極集中は克服すべき最大の課題だと鷲尾は述べる。東日本大震災でも一極集中を避け、分散化すべきと話題に上ったが、いつしか立ち消えになった。多様性のない国はぜい弱だとし、多様性を生む分散化をもたらすのは、やはり政治の力だと鷲尾は力説した。地方の草の根政治家を自負する鷲尾は立派である。

「国家の実力は地方に存する」——徳冨蘆花の言葉だ。地方が栄えて、はじめて国は成り立つ。鷲尾の健闘を祈る。新潟2区には佐渡市がある。佐渡は離島の雄である。佐渡の発展が離島に希望をもたらす。鷲尾は佐渡の繁栄のため熱心だと聞く。敬意を表する。

佐藤ゆかり

さとう・ゆかり

環境副大臣・経済学博士。総務副大臣・内閣府副大臣も務めた。コロンビア大学政治学部卒、同大学院国際関係学科卒、ニューヨーク大学博士課程卒。経産省産業構造審議会委員、財務省主税局研究会委員、中央大学客員教授等歴任。J.P.モルガン証券等の後、クレディスイス証券経済調査部長。日本経済分析主要ランキング全米第2位。2005年衆議院初当選。衆参勤続15年、大阪11区。国益のため堪能な英語で経済交渉にあたる新しい保守政治家。

金融経済学の専門家として政界に招かれる

早いもので、佐藤ゆかりが政界入りしてから15年めになる。衆議院議員3期、参議院議員1期と当選を重ね、その間、自民党副幹事長、経産政務官、総務副大臣、内閣府副大臣を務め、現在環境副大臣である。とはいえ、人並みはずれた優れた能力をもちながら、佐藤ほど一般から正しく評価されていない政治家も珍しいのではないか。そう思えてならない。

佐藤は二十歳の時、日本の大学から渡米、米コロンビア大学卒業後もニューヨーク大学の大学院で学び、金融経済学の博士号を取得した。その間ヨーロッパにも留学し、帰国後は外資系証券会社で気鋭のエコノミストとして、国際金融の第一線で活躍した。16年間に及ぶ欧米生活から英語はネイティブ並みで、通訳なしで難しい交渉ができる数少ない政治家である。

同時に経済学者としても大学で教鞭を執り、その傍ら日本銀行の審議委員のブレーンとして政策提言にもあたった。2001年3月日銀が量的緩和を初めて導入する際、佐藤の分析リポートが判断の決め手になったと、審議委員が後日語っていた。経済産業省の産業構造審議会の委員に就く一方、政策立案支援のため、財務省、内閣府ほかからも日常的に意見を求める声がかかった。

そんな佐藤の活躍を見て、政界に引っ張り込んだのが当時の小泉純一郎総理だった。平成１７年の郵政選挙に、造反議員の対抗馬として擁立。佐藤は衆議院議員に初当選を果たしたが、興味本位のマスコミは「刺客」のイメージを宣伝し、優れた国際エコノミストの面をかき消した。その後、自民党内の選挙区調整のため、岐阜から東京へ。そして参議院に転じ、さらに衆議院大阪１１区へと変わった。党内事情とはいえ、何回も損な役回りを演じさせられたと、彼女に同情している。逆境に耐えて前進している佐藤はすごいと思う。

難局のチャレンジャーとして政治実績を積む

佐藤ゆかりは、自民党が政権を失った3年間、目覚ましい手腕で野党自民党を盛り立てた。平成２４年に起きたＡＩＪ投資顧問による企業年金詐欺事件（消えた年金問題）への対応で、弱気だった与党民主党筆頭理事を押し切り、ＡＩＪの浅川社長（当時）を参議院財政金融委員会の証人喚問に呼び出したのが、当時自民党筆頭理事の佐藤だった。さらに自民党政調会長に働きかけてプロジェクトチームを立ち上げ、自ら事務局長を務めてＡＩＪ問題を徹底的に調べ上げ、信頼回復のため年金運用の欠陥を洗い出した。その提言書は厚生労働省の法改正に盛り込まれた。佐藤は、平成２３年の金融商品取引法等改正案でも、同じ委員会筆頭理事の立場で、民主党政権から提出された閣法を修正し、同僚議員と結束して野党の立場で修正法案を国会成立させた。抜群の調査能力と分析力そして行動力が、立法府において遺憾なく発揮された例である。総務副大臣時代には、G20大阪サミットで安倍総理肝いりの「人間中心のAI」原則を採択するため、先にパリで開催されたG7デジタル大臣会合で、各国代表と精力的バイ会談を行い、G20に向けて徹底的に地慣らしした。AI・IoT時代の到来による先端的情報化の推進には、佐藤のような深い知識と交渉力のある政治家が必須だ。

佐藤は、現在環境副大臣として、喫緊の課題である地球温暖化対策を精力的に策定している。この地球規模的問題は、従来の単一的環境政策から、経済政策と一体となった国家戦略へと引き上げずには、問題解決しないとの佐藤なりの判断がある。デジタル化と脱炭素化がもはや車の両輪だ。これらの投資の長期的な収益改善効果を経営戦略に根付かせる発想転換が必要だと、佐藤は経済界を説得する。傍らで、国の成長戦略や予算関連プロジェクトの推進にも多忙を極める。

佐藤は、自らチャレンジャーを自認するように、新しい分野や周囲がしないことに正義感をもって挑み続けてきた。壁にぶち当たっても「押して引いて」で乗り越えたと振り返る。新しいフロンティアを築いていく政治家として、佐藤ゆかりの存在感は増す一方だ。

常に有権者に寄り添い街頭演説を始めて15年。そこで受けとる地元の声を佐藤はサイレントマジョリティーとして大切にする。

万民繁栄の基盤創りが佐藤の政治信念

今年4月、国のコロナ対策の情報共有ウェブ会議を地元枚方市や経済界と始めた。佐藤は常に動きが速い。対面会議が困難なら、ウェブ会議を駆使して少しでも有権者に寄り添う努力を怠らない。

また、少子高齢社会でも日本人の英知と高い民度で結集すれば、日本再起のための生産性革命や、デジタル化による経営や働き方の革新を推進できると確信する。日本に厚い中間層を創生し、誰もが繁栄できる社会を再構築する。この万民繁栄の基盤を創る政治の使命を全うするまでは、経済を歩んだ自分が政治家として完結しないと、佐藤は続けた。

政界を代表する政策通の佐藤ゆかりには、今後は経済外交・国際経済の面でも辣腕を振るう活躍が期待される。佐藤は、海外で丁々発止の外交を繰り広げる天才的な高い能力の持ち主である。新興国と日米欧の関係が混とん化し、世界が新秩序を求めるなかで、日本の国益を守り、繁栄の道を拓く経済外交の重要性は益々高まっていると佐藤は明言する。

佐藤ゆかりは、政治家として、稀有な存在である。尊敬する人物は坂本龍馬、そして黒人解放をなした米国大統領のエイブラハム・リンカン、女性ではG8初の女性財務大臣を務め現欧州中央銀行総裁のクリスティーヌ・ラガルドだという。新しい時代を築いた偉人に共感を覚えるのは、佐藤自身の開拓精神からだろう。日本は、まだまだ女性が活躍できる場面が限られている。だが、その先頭を佐藤ゆかりは疾走している。

佐藤は、志帥会会長の二階俊博の「オレについてこい」という温かい人柄に射抜かれ、志帥会に入ったという。佐藤の政治家としての夢の進捗には、二階俊博の選挙の極意を学び、大阪11区という有数の激戦区で勝つ必要がある。国益にとりこれも佐藤の使命である。

伊藤忠彦

いとう・ただひこ

1964年愛知県名古屋市生まれ。早稲田大学法学部卒。大学卒業後、㈱電通に入社。同社を退社後、武村正義衆議院議員秘書、小渕恵三衆議院議員秘書を経て、愛知県議会議員を務める。2005年衆議院議員に初当選し、現在4期目（愛知8区）。自由民主党副幹事長、自由民主党幹事長特別補佐。衆議院原子力特別委員会理事。衆議院法務委員会理事。前自由民主党国土交通部会長。

人々の幸せを実現できる政治家になりたいと決意

名古屋市にある伊藤忠彦の生家は、江戸時代初期から続く大商家「川伊藤」で、代々尾張徳川家の御用商人をしていた。高校時代に将来何になるかに思いをめぐらせたとき、藩に代わって新田開発をするなど地域に貢献した一族の末裔として、人々を幸せに導ける政治の仕事に就きたいと考えるようになった。

ただし、そう簡単に話は進まない。大学を卒業すると電通に就職してチャンスを待ち、道が開けたのは30歳で、衆議院議員の武村正義の秘書になることができた。だが武村に背中を押され平成7年の参議院、翌年の衆議院選挙に出馬するが、あえなく落選した。

そんな伊藤を見ていた名古屋の経済界の人々が心配し、伊藤に小渕恵三を紹介してくれ、平成9年に小渕の秘書になった。その2年後、小渕内閣で文部大臣をした有馬朗人の支援を受け、愛知県議会選挙に打って出て、34歳の若さで初当選した。政治家への道を歩み始めたのであった。県議会議員として、地道に地域の人々と話し、必死で働いた。

2期6年務めた県議を辞し、衆議院議員選挙に出ようと動いていたとき、たまたまインド、ミャンマー、ベトナムへの視察旅行で二階俊博と一緒になった。視察中、二階に接して話を聞くうちに「政治の師匠はこの人しかいない」と思うようになり、二階のグループから選挙に出たいと自ら申し込んだのだという。平成17年、二階のサポートで自民党から公認が得られ、愛知8区から立候補した伊藤はめでたく衆議院議員になることができた。

政治家は信頼が命だという二階の言葉の重さ

自民党が大惨敗した平成21年の総選挙では伊藤も議席を失う。辛いが得難い経験であった。次の総選挙で復活。以後、議員バッジをつけ続け、現在では4期当選の中堅として高い評価を受けている。落選も貴重な経験で、様々な人の応援を得てここまでこられたと伊藤は感謝を述べる。最初に秘書になった武村からは環境の大事さを教えられた。武村は琵琶湖の浄化に取り組み、今ある美しい琵琶湖は彼の成果だと話した。後に伊藤は環境副大臣を2年務めるが、「かけがえのない地球、かけがえのないふるさと」という哲学を武村から学んだと語る。小渕からは県会議員になるとき、親身になって支援してもらった。そして二階には国会議員になるための訓練を受け、また、厳しく指導される毎日だと続けた。

伊藤たち中堅議員や若手議員に、二階がたびたび口にするのが、「やるといったら、やりなさい、やり切りなさい。できないことは言ってはだめだ」という言葉だ。政治は信頼がないと成り立たず、「信頼を国民から得られる政治をしていけ」ということだと、伊藤は二階の言葉を解している。そのためにもっともっと精進し、頑張っていきたいと熱く語った。二階俊博を慕う気持ちにあふれ、政治の師と定めていると感じた。

尊敬する人物として、やはり名を挙げるのが二階だった。二階のもとでスケールアップを目指し、高校時代に夢見た「人々を幸せに導ける政治家」に向かって突き進む。

政治は自分のためでなく公のためにするもの

東京オリンピック・パラリンピックのメダルを、スマホや携帯電話からリサイクルしようと提案したのは環境副大臣だった伊藤である。日本国民も伊藤の提案に賛同し、金銀銅メダルの全てをリサイクルで完成させることができた。環境に優しい循環社会、環境立国を標榜する日本らしいアイディアといえ、オリンピックの歴史上初の試みとなり、この事は次回のフランスもこれにならう予定だという。

半田市亀崎にて

伊藤の地元には中部国際空港があるが、成田、羽田、関空と並ぶ第一種国際空港でありながら、完成して１５年以上経つのに、未だ滑走路が一本しかない。また、交通アクセスも1ルートで、不便なうえ、自然災害に弱いというアキレス腱をもつ。これでは中部圏の経済にとってよくないと、伊藤はもっか二本目の滑走路の実現と、二つめの交通アクセスとなる西知多道路の開通に尽力している。

なお、ここでも二階の力に畏れ入ったと話す。空港への道路整備では、鮮やかな手腕で県や国を巻き込み、市の垣根を超えて着工を急がせた。「さすが二階先生だ」と感銘したと振り返る。

電通の社員時代、縁があって政界の指南役、四元義隆の会社を訪ねた。そこに「天下公為」と墨書された色紙が飾ってあり、この言葉が生涯の箴言となった。天下は自分のためではなく、広くみんなのためにある――。伊藤はいう。たまたま自分が役割を担当して政治をやっているだけで、ベストを尽くし、いい状態で次の人にバトンタッチできればそれで本望だ。世間への奉仕を優先させた４００年続く大商家「川伊藤」の血が、今もこの政治家の身体の中で脈打っている。

伊藤には政治家として優れた資質がある。第一に性格が非常に明るい。これは政治家として非常に大切な要素である。第二に不屈の楽天主義である。第三につねに「国民大衆とともに」を実践している。第四に倫理面でも知性面でも抜群にすぐれている。第五に判断力があり、実行力がある。動きが早い。その上、健康でスタミナがある。

伊藤の師の二階俊博は権力を求めることなく、つねに国民をみつめ国民の幸福のために努力をつづけてきた努力の政治家である。伊藤は、師の二階と同じく、つねに国民のために汗をかきつづけると私は思う。伊藤は日本国民にとって必要な政治家に成長するだろう。期待できる有望な政治家である。

松本洋平

まつもと・ようへい

1973年東京都生まれ。慶應義塾大学経済学部卒業後、三和銀行(現三菱UFJ銀行)に入行。2003年に政治家を志し同社を退社。2005年衆議院議員総選挙にて32歳で初当選。自民党副幹事長、青年局国際部長、第45代自民党青年局長、内閣府大臣政務官、内閣府副大臣(防災担当)、自民党国会対策副委員長、議員運営委員会理事等を歴任し、2019年より経済産業副大臣として経済回復に全力を尽くす。

都市銀行勤務を経て政治の世界に入る

松本洋平が大学を卒業して社会人となった平成8年は、いわゆるバブル経済崩壊後の深刻な就職氷河期であった。松本は都市銀行に就職する。その直後にアジア通貨危機を端に発した金融機関のいわゆる「貸し渋り・貸し剥がし」による経済危機が発生した。松本が銀行に入るにあたって考えていた金融の使命や役割とは逆行する現実に直面した。苦しむ中小企業の声を生で聞き、国の政策が私たちの生活に大きな影響を与えることを痛感したことが、松本が政治の道を歩もうと決意するきっかけとなった。

しかし、松本洋平の親族や周囲には政治関係者は誰一人としていなかった。そこで、始めたのが様々な政治家のもとを自ら訪ね、政治についての勉強を自力で開始した。銀行を退職したのは29歳の時。松本は東京19区（小平市・西東京市・国分寺市）で立候補を決意し、活動を展開。都心に近い近郊ベッドタウンである、大学等がある学園都市でもある。東京19区は自民党が小選挙区制度移行後、一度も衆議院議員を輩出することが出来なかった選挙区でもあり、2003年に松本は衆議院選挙に初挑戦するのだが、落選した。

２００５年３２歳で衆議院議員に初当選した

その後、２００５年の衆議院選挙では大接戦の末、衆議院に初当選を果たした。３２歳のフレッシュな議員の誕生だった。これといって特別な支援組織やバックボーンをもたない松本のような青年候補者が選挙を戦うのは容易ではない。まして都会の無党派層も多い地域でもある。松本は地域を回り、粘り強く政策を訴え、地域の中に入り込んでいった。何より若さがある。熱意がある。次第に松本を理解する有権者が増え、当選できたのだった。

しかし、２００９年には、折からの民主党ブームに吹き飛ばされ、松本は議席を失う。だが、それにめげることなく地道な政治活動を継続し、２０１２年にはライバルの比例復活を許さずにリベンジ当選を果たした。そして、以降２回、松本は小選挙区で勝利して議席を確保し、現在４期目の衆議院議員を務めている。松本はこれまで、自民党では副幹事長や国会対策副委員長、青年局長を務めてきた。また、政府では内閣府大臣政務官、内閣府副大臣を歴任し、現在は経済産業副大臣として政府内で重要な仕事を担当している。

松本が常に心掛けていることは、「要領の良い政治家にはならず、現場主義を貫く」こと。内閣府政務官（防災担当）時代には「御嶽山噴火災害」の現地対策本部長を務めたが、防災の担当を外れた後も個人的に御嶽山山頂へ慰霊登山を実施し、西日本豪雨災害の時には災害ボランティアで岡山県へ。政治的な関係が無いからこそ、現場主義を貫いて行動する松本は、既成概念にとらわれず、ごく普通の市民の感覚、庶民感情を誰よりも理解することが出来るのではないか。議員としての期数を重ねつつ、実力政治家としての地歩を着実に固めてきている。

松本が最も力を入れて取り組んでいるのは、「人口減少社会への対応」である。これまで、日本は人口が右肩上がりに増加する社会を前提に、様々な社会制度が作られてきた。その状況は今後一遍し、加速度的に人口が減少する局面を迎える。今、日本に必要なのは、そうした現実を直視したうえ、経済や社会のモデルチェンジが必要だと松本は話す。新たな技術の導入により効率的で付加価値の高い日本経済の実現や、世界経済のなかで日本が果たす役割を定義し、そのなかで存在意義を高めていくことが重要である。

松本は、常日頃から「先人たちは苦労の時にこそ次の世代に繋がる種をまいてきた。その結果、我が国の現在の繁栄がある。今こそ先人たちが果たしてきた役割を、我々が果たす時」と話している。松本には、若手の政治家をまとめ役として、政策でも国を引っ張っていってほしい。

第36回こだいら市民駅伝大会にて

熟慮の末、政治の師匠を求めて志帥会に入る

松本は政治の世界に入るにあたり、政治家としては中曽根康弘元総理を尊敬していた。その中曽根の流れをくむ志帥会に親近感を覚えていた。衆議院議員に当選する過程から、様々な協力の手を差し伸べてくれた先輩議員が志帥会にいたこともあり、松本は志帥会を選んだ。政治家として活動し、大きな仕事をするためには、頼りになる仲間が必要であり、また自身を指導してくれる信頼できる政治の師匠が不可欠である。いま松本は、二階俊博のもと中堅政治家として薫陶を受けている。二階の背を見ながら、二階の包容力、実行力そして時代の先を読み取る先見性と決断力に学ぶと

ころ大であると語る。　松本の選挙区東京19区はとても難しい選挙区である。松本がこの難しい小選挙区で勝ち続けていることが出来ているのは、松本が政治家として真面目に誠実に努力しているからである。

マックス・ウェバーは、政治家に必要な資質として、情熱、洞察力、社会的責任感の三点をあげている。最後に最も大切なものとして忍耐力をあげた。松本は、この三要素と最後の絶対的必要条件の忍耐力を併せ持っている。そのうえ、松本は、政治家にとってより大切なものを持っている。行動力とそれを支える体力である。松本は中学校から大学4年まで陸上競技の選手だった。高校ではインターハイ、ジュニア・オリンピック、大学ではインターカレッジに出場したという。「政治家は、一に体力、二に体力、三、四がなくて五が体力」といわれるほど過酷で体力は大切だ。強靭な精神力と体力が政治活動の支えである。松本が二階俊博から政治の極意を学びとった時、松本には大きな可能性が開けてくると思う。それだけに、松本への二階の期待も大きい。ぜひ、一層の精進を重ねて大きな仕事を成し遂げる政治家になってほしいと願う。

伊東良孝

いとう・よしたか

昭和23年北海道旭川市生まれ。北海道教育大学卒業。昭和60年から釧路市議会議員（3期連続当選）、北海道議会議員（3期連続当選）、釧路市長（2期連続当選）。第45回衆議院総選挙にて北海道で唯一小選挙区での当選を果たし、4期連続当選。当選1回生で北海道連会長に3期連続就任、また財務大臣政務官・農林水産副大臣、農林水産委員長・自民党副幹事長（2回）・水産部会長等を歴任し、現在は農林水産副大臣（2回目）。

政治の世界へは故・中川一郎との縁から

伊東良孝は北海道7区を選挙区とする当選4回の衆議院議員である。北海道教育大学の出身で美術教諭の資格をもち、趣味は絵を描くことだという。会って話せばわかるが、繊細な神経のもち主だ。金言は「至誠通天」で、誠を尽くせば願いは天に通じる。孟子の言葉だが、幕末の尊王攘夷を主導した吉田松陰が門下生に説いて有名になった。

政治の世界と接点をもったのは、二十歳を少し過ぎた頃だ。大学で学んでいた伊東は、家庭の事情で学費を稼がなくてはならず、飲食店でアルバイトしていた。ある日、店にやってきた若者グループから声をかけられた。衆議院議員、中川一郎の研修会が東京で開かれるから一緒にいかないか――。それまで政治に興味はなかったが、何かひらめくものがあって参加を決めた。

赤坂のホテル・ニュージャパンで催された懇親会で中川一郎の講演を聞いた。国の未来を憂い、郷土を思う熱い心にふれ、ただただ感激した。早速、中川の後援会青年部に加入して、選挙活動などを手伝うようになった。昭和47年のことで、中川はまだ衆議院議員3回生だった。

政治活動はそこから始まり、市議会議員、道議会議員、釧路市長を経て、平成21年、衆議院選挙に立候補し、６０歳の還暦で初当選を果たした。いうまでもなく、政治の道に導いてくれた中川一郎を今でも深く敬愛している。

北海道小選挙区で議席を得たのは伊東一人だけ

平成２１年は自民党が衆議院選挙で歴史的敗北を喫し、民主党に政権交代を許した年である。北海道でも衆院小選挙区で勝ち上がれたのは伊東だけだった。町村信孝、武部勤は比例復活で救われたが、中川昭一、吉川貴盛らは議席を失った。厳しい洗礼を浴び、一年生議員の伊東が急遽、自民党北海道支部連合会（道連）の会長に就く。異常事態である。

そもそも伊東はこの選挙に立候補するつもりはなかった。当時、釧路市の市長を担っていたが、1市2町の大合併をやり終えたばかりで、新釧路市建設は道半ばだった。市長としてやるべき仕事は山積していた。

そこに、自民党前職の北村直人が引退するとの報道が飛び込んでくる。地元出身の国会議員がいなくなれば地域からの陳情もままならず、誰かが出馬しないといけないのだが、手を挙げる人はいなかった。

ある日、武部勤と中川昭一がやってきて、「今度の衆院選挙では私たちも当選できないかもしれない。そうなると相談に乗れないので、地域のことを思うなら君が立候補し、衆議院のバッジを得て働かなくてはならない」と告げた。

伊東は渋ったが、結局、武部と中川の説得に応じ、地域の力強い応援も得られ、覚悟の衆院選出馬を決意した。

なお、この選挙で当選できた自民党の新人は、全国で小泉進次郎、橘慶一郎、斎藤健と伊東のわずか4人のみ。4人は「四志の会」を結成し、親交は今に至るも続いている。それほど自民党には逆風の選挙だった。

北海道の水産業の振興に注力することを誓う

志帥会入りは、初出馬の2、3か月前に決めた。故・中川一郎の弟の参議院議員、中川義雄が訪ねてきて、一郎の子の昭一を将来、政界において力のある政治家にしたいから力を貸してほしいといわれた。一郎の後援会青年部に属し薫陶を受けていたことから、これも恩返しだと、当時会長の伊吹文明に頼んで志帥会に入会させてもらったと話す。選挙では、志帥会挙げての力強い応援が、自分の背

中を押してくれたと振り返った。

生まれ育ち、地盤とする北海道は日本最大の水産漁業を誇る地だが、近年は温暖化の影響か、水産業の水揚げも減ってきている。伊東はもっか農林水産副大臣を努めるが、北海道選出の代議士として育てる漁業や栽培漁業に力を入れ、振興に努めたいと熱く語った。

かつて故・中川昭一は農水大臣のとき、北海道の農業や漁業の育成に尽力した。彼が地盤にした十勝地方はそのお陰で米、麦を含めた農業が盛んになり、生産額は一地方で九州各県の倍くらいにまで成長できたと伊東はいう。

自分も地元である釧路や根室の水産業を発展させ、中川昭一のように将来、「アイツがいてくれてよかった」といわれるように頑張りたいと続けた。北海道を愛し、北海道のために働いた先輩への思いは強い。

現在の国会議員で尊敬するのは志帥会の伊吹文明と二階俊博で、伊吹の知識、見識には敬服し、二階の力強さや筋の通し方、信念のもち方には学ぶことばかりだと述べた。国会議員になって10年。伊東の今後に期待している。

中川一郎を初めてみたのは1970年代前半、当時の自民党幹事長の橋本登美三郎のところへ取材に行き懇談していると、中川一郎と渡辺美智雄が入ってきた。二人は反田中角栄の集団「青嵐会」の代表だった。

元気のいい中川と渡辺は怒鳴り始めた。橋本も敗けていない。数十名が怒鳴り合いをした上、捨て台詞を吐いて出ていった。なかなかの迫力だった。この光景は何回か見た。

1980年代になって雑誌の取材で中川をインタビューした。中川は紳士で知識人だった。時には哲学者のようにみえたこともあった。中川一郎は真っ直ぐな人間で曲がったことは大嫌い。中川一郎は北海道そのものの政治家だった。魅力があった。伊東はよい師をもった。伊東は中川の継承者である。成功を祈る。

宮内秀樹

みやうち・ひでき

昭和37（1962）年愛媛県松山市生まれ。松山東高等学校、青山学院大学経営学部卒。国会議員秘書を25年経験し、2012年衆議院議員総選挙で福岡4区より初当選。第二次安倍内閣で国土交通大臣政務官を経験し、現在当選3回。衆議院内閣委員会、倫理選挙特別委員会各理事、国土交通委員会、沖縄北方特別委員会各委員、党では自由民主党副幹事長、国土交通部会部会長代理として活躍。

明朗快活でフットワークがすばらしい衆議院議員

宮内秀樹は、とにかく性格が明朗快活である。行動力がある。動きが速い。話す言葉も歯切れがいい。曖昧な言い方はせずに、物事の本質をズバリと自らの言葉で語ることができる。これは政治家にとって、きわめて貴重な能力である。

ある時、私は現在の中国との関係について知りたいことがあった。二階俊博に相談すると即座に、「それでは宮内秀樹から、話を聞いてみてください」と言われた。宮内は、すぐに私を訪ねてくれ、私の知りたい状況について克明な資料を持参し、詳しく説明してくれた。このことを通じて、二階俊博が宮内を深く信頼していること、そして宮内のフットワークがすぐれていることを実感した。

また、私のインターネット配信を手伝ってくれている三〇代前半の若者に宮内を知っているか尋ねてみた。すると、「宮内さんですね。ＹｏｕＴｕｂｅで『月刊ヒデキ』という自作番組を発信しています。国政についての話がわかりやすく政治を身近に感じられる気がします」とのことだった。若者に好評である。軽快なフットワークで行動力があり、ＩＴも政治活動に取り込んでいく進取の気概あふれる宮内である。

こうした宮内の原動力は、どこで培われたものなのか関心があった。宮内と話してみると、それは長い期間にわたって国会議員秘書として仕事をしてきた経験が、今の宮内を形成しているのではないかと感じるに至った。政治家となるための修業として、議員秘書は昔から主要なルートの一つではあった。

しかし、その秘書たちの本音や苦労といったものに焦点が当てられることはあまりなかった。議員秘書時代の宮内の素顔を紹介する。

25年間にわたって秘書を経験して政治を学んだ

宮内秀樹は、大学在学中から衆議院議員の塩崎潤の議員会館事務所に出入りするようになっていた。国会見学者の世話やハガキの宛名書き、党本部の部会に出席したりして、自然に政治にも関心をもつようになったという。いわば塩崎事務所ファミリーの一員として日々を過ごすようになった。

大学卒業を迎え、塩崎潤から「政治は面白いぞ、秘書になれ」と勧められ、塩崎の自宅に住み込んで書生のような秘書生活が開始された。5年間、塩崎宅で生活したという。

当時は、中選挙区制であり選挙ともなれば3ヶ月間、片道切符で選挙区に赴き、選挙活動に従事するのが秘書の通例だった。

宮内は、25年におよぶ秘書生活は、あっという間に経過した気がすると感想をもらしている。それだけ日々が多忙であったということだろう。昔から国会議員秘書というのは、議員以上に忙しいだけでなく、選挙区からの種々雑多な依頼や陳情を実質的に処理していくことが秘書の役目だった。議員の評価も、秘書の仕事ぶりによって左右されるほど、秘書の役目は重要だった。これは、昔も今も変わらない。

宮内は秘書時代には、秘書協議会の副会長として、秘書の地位・待遇の充実を実現する活動も行った。国会議員の秘書は、国政を担う大事な政務に貢献しているのだが、世間は意外に国会議員秘書の現実について知らず、あまり理解が進んでいないことを宮内は残念に思った。

議員秘書は、議員の細々とした業務の手伝いやメッセンジャーであると思われがちだが、それ以外の仕事のほうが重要である。支援者や業界団体との日常的なコミュニケーション、地元の人々からの要望の実現、政策の立案・各種調査など、まさに国会と社会を繋ぐ議員にとって欠かすことのできないパイプなのだ。

このパイプが詰まってしまうと、その議員は国民に寄り添った政治を行うことは不可能となる。国

地元の若い仲間たちと

会議員にとって優秀な秘書は、宝である。

貴重な議員秘書体験を活かし政治家として大成してほしい

宮内が長年の議員秘書生活から心機一転、衆議院議員の道にチャレンジするきっかけとなったのは、2012年の衆議院議員選挙の際に自由民主党が実施した、候補者公募に応じたことであった。

当時、自由民主党は政権を失い野党だった。候補者の擁立に苦しみ、候補者公募を実施したのだが、結果として多様な人材を集めることに成功した。宮内秀樹は、その一人といえるだろう。

中選挙区制のもとでは、保守政治家間の激烈な戦いがあるため、公募による党の候補者の選定は行われなかった。世代交代の場合、後継者は、親族や有力な秘書、地元出身の中央省庁幹部、弁護士などから選ばれることが多かった。

小選挙区制に変わってからも、後継者が親族、有力秘書、中央省庁幹部などから選ばれる習慣は維持されているが、政権交代が繰り返されるようになったため後継者不足が起きた。この事態に採用されたのが候補者公募制である。与野党とも1990年代後半以後、公募で議員になる者が増えた。

宮内は、公募で国会議員になった政治家のなかの優等生である。私は、宮内はこれから政界で大活躍すると信じている。

『論語』に「君子はその言のその行に過ぐるを恥ず」という孔子の教えがある。孔子は言葉が先走ることを戒めた。宮内はつねに行動が先行している。頼もしい政治家である。

門博文

かど・ひろふみ

出身地：和歌山県伊都郡かつらぎ町。出身校：和歌山大学卒業。経歴：昭和63年松下興産入社、平成18年ロイヤルパインズ㈱社長就任、平成24年12月衆議院議員初当選、現在3期目、第4次安倍第2改造内閣にて国土交通大臣政務官に就任。尊敬する人：松下幸之助、田中角栄。

松下幸之助イズムを胸に社会貢献から政治を目指す

門博文とは彼が衆議院議員になる前からのつき合いで、初出馬のときに、応援に行った。選挙のたびにいつも気にかけている。毎回、着実に選挙戦を進め、地元の厚い支持はあるが、今までは比例区で当選している。現在3期目に突入している。

和歌山大学を卒業後、松下幸之助が創業した会社で23年間ビジネスマンをしていた。将来、政治家になるなど夢にも思わず、選挙に出馬する直近の5年は系列企業の社長に指名され、経営に手腕を振るっていた。門は非常に優れた経営者だった。そんな門が国会議員になるのだから人生は面白い。

平成21年に下野した自民党は、和歌山1区で議席を失っていた。和歌山県連会長だった二階俊博にとって議席奪還は至上命令であり、有力候補者を早急に探す必要性に迫られていた。そこで力のある候補者を公募することになり、応募してきたのが門だった。

門の父親は自民党和歌山県連の職員を経て、県会議員を10期40年務めた。県会議員として非常にすぐれた力量を発揮した。県議時代の同志の二階俊博とは生涯を通じての最良の友となった。私も門の父親を知っているが、傑出した人格者である。

県連が候補者選考に難渋しているというニュースを聞いた門博文は、父が世話になった自民党に多少なりとも恩返しができればと、急遽政治家になることを決め応募したのだという。決断は早かった。長らくビジネスの世界に身を置き、社長という形でそれなりに頂点を極めた。幸いまだ元気で若い。第二の人生に踏み出す覚悟で一念発起し、挑戦の手を挙げた。

幼い頃から県会議員の父を見て育ち、政治の世界の何たるかはある程度わかっていた。また勤務していた企業は松下幸之助イズムが徹底され、社会貢献が社是となっていた。社会貢献ならやはり政治家だろう。使命感に目覚めたのも公募に応募した理由だった。

和歌山を政治の力で立て直し凋落から救いたい

自民党は平成２４年の衆議院総選挙で大勝し、３年３カ月ぶりに政権に返り咲いた。門もこの選挙で当選して衆議院議員になり、政権復帰の一助になったと喜びを語った。

当選した門は志帥会の門を叩いた。県連会長の二階には選挙で大変世話になり、また父と二階はきわめて親しく、結婚式では二階に仲人を務めてもらった恩もあった。志帥会以外に選択肢がなかったと門は笑顔で答えた。

よく志帥会は派閥のなかの派閥だと評される。実際そのとおりで、単なる議員の親睦団体ではなく、戦う政策集団として日々研鑽を重ねる集団だと門は述べた。その中にいられることは誇りであり、鍛えてくれるという意味で感謝に堪えないと熱く語った。

和歌山市選挙区の和歌山1区もご多聞にもれず、人口減少と過疎化に揺れている。

江戸時代には紀州徳川家の城下町として栄えたが、県庁所在地ながら今では斜陽の一地方都市に埋没してしまった。県庁所在地の和歌山市が頑張らなければ、和歌山県自体の地盤沈下は止まらない。政治の力で和歌山市の経済を建て直し、活性化のモデルにしていきたい——。それが自分の責任だと、真剣なまなざしで私に決意を語った。

このひた向きさ、真面目さが門の魅力であり、それゆえ私は長いつき合いをしてきたのである。

未来に向けて備えるのが政治家たる者の役目

日本は今後、人類が経験したことのないスピードで人口減少社会に突入していく。ところが、政治も行政もあまりにものんびり構えていると門は苦言を呈する。後世振り返ったとき、座していれば、あの時代の政治家は何をしていたのかと誹りを受けるのは必至だろう。

和歌山県聴覚障害者協会の皆さんが和歌山市手話言語条例制定の御礼に来所

右肩下がりの経済を想定し、そのスピードを鈍化させる政策を積極的に打つか、それとも新しいパラダイムシフトにより、新次元の経済を起動させて巻き返すか。待ったなしの取り組みが急務で、政治家生命をかけて邁進したいと強調した。

阪神・淡路大震災、東日本大震災と大地震が日本列島に深い爪痕を残した。洪水・水害も近年は多発し、日本列島の各地が被害にあえいでいる。いつ起きるかわからない自然災害に、常に備える必要性がいっそう増してきた。

門の属する志帥会は、国土強靭化政策においては、どこよりも熱心に研究、実践を長年にかけてやってきた。多くの専門家もいる。門もさまざまな機会に深く勉強し、いま何が必要であるかは、熟知している。

世の中がうまくまわっているときはいいが、ひとたび災害が起き国民が困っているときこそ政治家の出番で、身を粉にして人々の先頭に立ち、問題解決に当たらなくてはならない。それが政治家に与えられた使命だと、門は語調を強めてそう話した。実際、志帥会のメンバーは、二階俊博を先頭に、各地で災害が起きたときには、直ぐ現地に赴いて対策を練り、被災者を激励し、復旧に全力を尽くしてきた。門博文も、衆議院議員が3期目となり、政治家として自覚が深まり、随分頼もしくなってきた。

門が最も得意とする分野は観光である。二階俊博の指導のもとに、日本を観光立国とするために努力してきた。しかしコロナ禍で挫折した。現状は悲惨である。だが、何が何でも建て直さなければならない。まず近隣の観光から始めて、日本国内の観光を活性化させ、ついで再び国際観光を再建する方向へ進まなければならない。門の出番が来ている。

武部新

たけべ・あらた

昭和45年、北海道斜里町生まれ。早稲田大学法学部卒業後、日本興行銀行入行。シカゴ大学公共政策大学院修士課程修了し、衆議院議員武部勤秘書。平成24年北海道第12区から衆議院議員初当選。現在3期目。環境大臣政務官 兼 内閣府大臣政務官、党副幹事長など歴任。現在、衆議院議院運営委理事、党国会対策委副委員長、水産総合調査会会長補佐、野菜・果樹・畑作物等対策委委員長、過疎対策特別委事務局長代理。

政治家になることを決意させた金融恐慌騒動

思春期の息子にとって、父親が政治家というのは複雑な思いを抱くことが多いだろう。武部新の父は元自民党幹事長の武部勤である。

実力政治家として、地元ではもちろん中央政界においても第一線で活躍をつづけていた。政治家の家は、一般家庭とは異なる。多くの人が出入りするし、選挙という厳しい試練を目の当たりにしなければならない。政治家のよい面、きびしさ、そして辛さも身近で見て育った。

武部新は、高校を選択するとき、あえて実家のあった北見ではなく、札幌の学校を選び、下宿生活を送った。父の選挙区ではない札幌なら、「武部勤の息子」というレッテルから逃れられるという一心からだった。

そんな武部新に対し、父・勤は、「政治家になれ」とか「自分の跡を継いでほしい」というようなことは一切、言わなかった。ただし、「世のために尽くせ。人のためになる仕事をしろ」とだけ諭した。武部は、この父の言葉は忘れられないという。

大学を卒業すると日本興業銀行に就職した。入行してしばらくすると、住宅金融専門会社（住専）

の不良債権問題が発生する。それに端を発して山一證券が倒産し、北海道拓殖銀行も潰れた。北海道に生まれ育った武部にとって、北海道を代表する拓銀の消滅は衝撃だった。まさか、あの拓銀が……という思いは、武部の考えを根底からくつがえした。

金融界のみならず日本全体を根底から揺るがした騒動をバンカーとして見ていた武部は、政治の役割の重要さを思い知った。政治がしっかりしていないと経済も成り立たないという、きびしい現実を痛感したのだった。そこで、自分は政治家として、世のため人のために働こうと決意して、銀行を退職して、シカゴ大学の公共政策大学院に留学する。

シカゴで勉強を終え、帰国した後、政治を現場で学ぶため、父の秘書となる。秘書生活を１０年にわたって務め、現実の政治を間近で見聞していった。そして、父の引退表明を受けて平成２４年の衆議院議員総選挙に立候補。衆議院議員としての第一歩を踏み出した。

平成２９年には三選を果たす。現在、議院運営委員会理事、国会対策委員会副委員長ほか要職に抜擢され、国会の内外で汗を流す日々である。

郵政解散で目撃した二階俊博と武部勤の突破力

秘書をやっていた平成17年、郵政民営化関連法案の参院否決に対し、小泉首相は衆議院解散に踏み切った。いわゆる郵政解散である。選挙は幹事長だった父勤と選対委員長の二階俊博が取り仕切った。この選挙には、父・勤も二階俊博も断固たる姿勢で臨み、党としても決めた方針のために力を結集して、圧倒的な存在感をしめした。この選挙は、大きな波を巻き起こした、二階と父の行動力を誰かが引き継がなくてはならない。若き武部の胸に、そんな覚悟が燃え上がった。

引退を決めたとき、父は「息子を頼む」と二階に息子・新を託した。それは同時に、二階の背中を見て、政治を学べとの父から武部新へのメッセージでもあった。二階の力を郵政選挙で知った武部にもちろん異存はなく、志帥会入りを即決した。二階、伊吹、河村といった大政治家の近くにいるだけで、得難い勉強だと武部は顔をほころばせる。派閥は道場というのが父の持論だが、志帥会はまさに政治道場であり、鍛えられていると語った。

武部が地盤にする北海道12区は、日本で一番広く、岩手県全体と同じほどの面積だ。オホーツク海から日本海、利尻や礼文といった離島も抱える。海岸線は、なんと640kmにも及ぶというから驚きだ。自然豊かで風光明媚、農林水産業が盛んな郷土は、この地に住む人たちによって支えられている。だからこそ恩返しとして政治の力でより豊かにするのが、政治家としての自分の使命だと武部は話した。

「信なくば立たず」で政界の王道を邁進する

網走流氷おどり

武部は、地盤が農林水産業の地域だけに、第一次産業の振興に取り組んでいる。マスクの生産を中国に頼ったため、コロナ騒動では流通不足に悩まされた。単純に安ければいいというわけではないことを国民もわかったはずで、国民の生活と生命を守るためには、食料も自国で安定供給できる生産体制を整えなければならないと説明する。

とはいえ、これだけグローバル化が進み、バリューチェーンが世界中に広がると、一国だけでは、もはや経済は成立しない。経済発展には世界の安定と平和は不可欠で、政治家の役割はますます重くなってきたと続ける。武部が二階の外交を見ていて気づいたのは、国と国のつき合いは結局、人と人の交流の積み重ねだということ。それは本音を言い合える政治家にしかできない仕事だとし、「特にアジア外交については、本腰を入れて取り組みたい」と抱負を述べた。二階の議員外交から、武部は多くを学んでいる。

政治信条は「信なくば立たず」だ。政治は民衆の信頼がなければ成り立たないという孔子の言葉だが、そのためにも「自分の選挙区をくまなく歩き、国民一人ひとりの意見に耳を傾け、それを政治に反映させていきたい」――。当選3回にして党の要職に次々抜擢される武部新。次代を牽引するリーダー候補の一人として、私は彼の活躍に注目している。

武部新の父・武部勤は広い心をもった大人物である。今は東亜総研の代表理事として、アジア諸国、とくにベトナムとの文化学術交流に取り組んでいる。武部勤は抜群の能力をもち、北海道を代表する大政治家だった。武部親子は「親子鷹」である。

大岡敏孝

おおおか・としたか

昭和47年 滋賀県甲賀市生まれ。鹿児島県ラ・サール高等学校、早稲田大学政治経済学部卒業後、スズキ株式会社。浜松市議会議員、静岡県議会議員を経て、平成24年衆議院議員総選挙に滋賀県第1区より出馬し初当選、平成27年財務大臣政務官就任。現在自由民主党では厚生労働部会長代理、労政局次長、衆議院では経済産業委員会理事、安全保障委員会理事、科学技術・イノベーション推進特別委員会理事を務める。

一般企業サラリーマンを経て地方議会議員を務めた

大岡敏孝は、大学卒業後、静岡県浜松市でスズキ自動車に就職する。ビジネスの世界で働きながら、世の中の動きを見ていて政治の動きの鈍さ、庶民の声がなかなか反映されにくいことをもどかしく感じていた。

大岡は、とくに支援してくれる労組のような組織もなかったのだが、会社を辞め、浜松市議会議員に立候補した。市議会議員として活動するなかで、当時の市長の市政に疑問をもち、市議1期で市長選挙に挑戦するが、あえなく落選してしまった。しかし、政治家への道を断念することなく、中小企業診断士の資格を取得して、捲土重来を期した。この決断は偉いと私は思う。誰かに頼ることをせず、自ら道を切り拓こうとする姿勢は立派だ。

2007年には、静岡県議会議員選挙に立候補し当選した。意欲的に活動し、県議会議員として2期を務める。とくに政党には属することなく、人物本位で政治家と交流していたのだという。

県議会議員として活動するなかで、大岡敏孝は、「これはなんとしても国会議員になって、国政の立場から地方を創生しなければならない」と強く思うようになっていった。

しかし、とくにツテがあるわけでもない。折から、大岡の出身地である滋賀県内で、自由民主党が衆議院議員候補者の公募を行っていた。大岡は、この公募に2回応募するのだが、2回とも失敗してしまった。

3回めの公募で強力なライバルがいた滋賀1区からの立候補を果たす

そうしたなか、たまたま大岡の出身地そのものではないのだが、同じ滋賀県内の滋賀1区でも自由民主党が候補者を公募していた。この滋賀1区は民主党の大物、川端達夫の選挙区だった。川端は民主党政権で閣僚経験が3度あり、選挙でも圧倒的強さだった。

大岡敏孝は、強力なライバルが存在することを承知の上で公募に応じ、自由民主党の公認候補として2012年第46回衆議院議員選挙を戦うことになった。この選挙を親身になって応援してくれたのが、河村建夫、谷垣禎一、菅義偉の三人の自民党幹部たちだった。

とくに河村は熱心に大岡の選挙区を訪れ、大岡の初めての国政チャレンジを支え続けてくれた。自由民主党が政権を取り戻すことに成功した総選挙でもあり、大岡は衆議院選での初当選を果たすことができた。

大岡の勝因は、自由民主党に追い風が吹いていたこともあるが、それ以上に、熱心な大岡の地道な選挙活動が大きかったと思う。滋賀1区は、琵琶湖の西側一帯で、比叡山・三井寺・石山寺・坂本城など歴史の宝庫である。過去において多くの人々が夢をいだき、夢破れ、栄枯盛衰を繰り返してきた歴史が集約された地である。それだけに情に厚い。

大岡の生まれは滋賀4区だが、同じ滋賀県生まれということで、滋賀1区の有権者は大岡を暖かく迎え入れた。これも大岡の人間性ゆえだと思う。以降、滋賀1区の衆議院議員選挙で、大岡は小選挙区3回連続当選を果たしている。

直近の2017年衆院選では、知名度は抜群の前滋賀県知事・嘉田由紀子を大接戦の末に下して当選した。

志帥会には河村建夫の勧めで入会した

衆議院議員となった大岡は、国政へのきっかけを作ってくれた河村建夫の勧めで志帥会に入会した。自然な流れであった。

滋賀県は由緒ある歴史的スポットが非常に多いのだが、近畿の他の府県に比べれば、観光業という

委員会にて質問に立つ大岡

視点では、いまひとつ影が薄い面も否めない。その意味では、観光立国政策をどこよりも先行して推し進めてきた志帥会で研鑽できることは大岡にとって幸いであった。

地域の声をよく聞き、滋賀のために本当によく働いている。地元・滋賀のために大岡が働いていることを地元民はよく知っている。

また、財務大臣政務官を務め、財政という国政の要となる国家のマネージメントに関与することで政治家としての幅を広げた。持ち前の行動力で、財務省、金融庁のみならず、金融機関や各方面への人脈も広げ、精力的な活動を展開している。

「笑門来福」をモットーとする大岡は、とにかく明るい。その明るさが人を惹き付ける。持ち前の明るさと抜群の行動力で、実力政治家の道を着実に歩んでいる。

大岡敏孝にインタビューしたのは5月12日だった。大岡が語る自身の今日までの約21年間の政治家人生を聴きながら、「事を為すは運鈍根」という諺を思い出した。ことを遂げるには、幸運に恵まれ、根気強く、鈍重といわれるほどゆっくり粘り強く頑張るという意味である。大岡の場合、自身が積極的に「運」を呼び込んだのだった。

大岡は衆議院議員になるまで、徒手空拳でやってきた。はじめは落下傘候補と見られたこともあったが、大岡は自らの努力で選挙地盤を強く固めた。よく頑張った。大岡は今後、政治家として大きく羽ばたく可能性を示した。私は、大岡は政治家として大成すると感じた。

滋賀県出身の政治家には、何人か知り合いがいた。総理大臣になった宇野宗佑は真面目な文化人政治家と言われたが、総理を辞職する時は身から出たサビとはいえ、気の毒になるほどみじめだった。これも「運」かもしれない。田中角栄側近の山下元利は温厚な紳士だった。つねに謙虚だった。武村正義は力強い政治家だった。細川政権をつくった小沢一郎と対立し、結果として細川政権を崩壊させて村山自社さ三党連立政権をつくった。

大岡には、この三人の実力政治家を凌駕する大活躍をしてほしいと思う。

小林鷹之

こばやし・たかゆき

1974年千葉県市川市生まれ。東京大学法学部卒業。大蔵省入省、ハーバード大学ケネディ行政大学院修了（公共政策学修士）、財務省国際局国際機構課係長、財務省理財局総務課課長補佐、在アメリカ合衆国日本国大使館出向等を経て、2010年財務省退職。2012年第46回衆議院議員総選挙で初当選。現在3期目。第三次安倍第2次改造内閣で防衛大臣政務官を歴任。衆議院経済産業委員会理事。憲法審査会幹事。厚生労働委員会委員。自由民主党経済産業部会長代理。知的財産戦略調査会事務局長等。

政局の混迷を機に財務官僚から政治家に転身

小林鷹之は千葉2区を選挙区とするきわめて有望な若手議員である。小林鷹之が政治家になると決断したのは平成21年の自民党が下野し民主党が政権を握った時だった。34歳だった小林は財務省からアメリカに派遣され、外交官としてワシントンの日本大使館に身を置いていた。

日本から伝わる政権交代のニュースに、いったい自民党は何をしているのかという憂いも覚えたが、その後、次々と打ち出される民主党の素人丸出しの政策に危機感が募っていった。ことに沖縄県宜野湾市にある普天間飛行場の移転をめぐり、鳩山由紀夫首相の「最低でも県外」とした発言は、日米間の信頼を揺るがせた。アメリカに広がる冷ややかな空気を、直接肌で感じたと小林鷹之は振り返る。

このままではまずい。遠くアメリカから日本の政治の混乱を眺めるしかなかった小林だが、そんな折、かつて留学していたハーバード大学ケネディスクールで学んだ言葉が脳裏をよぎった。J・F・ケネディ大統領が就任演説で口にしたフレーズで、「国があなたのために何をしてくれるのかを問うのではなく、あなたが国のために何をなすことができるのかを問うてほしい」というものだった。

結局、この言葉に背中を押され、霞が関を飛び出して政治家になることを決めたのである。平成

24年、第46回衆議院議員選挙に自民党公認で立候補し、草の根で市民を訪ね歩き、手づくりの選挙運動を展開し、自らの努力で初当選を果たした。

以降、再選を重ねて、現在3期目に入っている。小林鷹之は努力の人である。つねに謙虚で誠実である。

坂本龍馬の視点の高さと行動力を尊敬する

小林鷹之は、開成中学・高等学校、東大、財務省キャリアとエリートコースを歩んだ。だが物腰が柔らかく気さくな人柄で明るく、エリート臭はない。それが小林の人間的な魅力であり、この人のよさが初戦から3期連続当選という選挙の強さにつながっているように思える。

一方で高い知性の持ち主で話しぶりは理路整然としていて、理性的である。事実を直視し、しっかりと自分の頭で考える。小林のような新しいタイプの大衆政治家を擁しているのも志帥会の奥行きだろう。

尊敬する人物は坂本龍馬だという。アメリカでいても立ってもいられなくなり、休暇を取って帰国し、政治家になりたいと一人自民党本部の扉を叩いた行動力は、脱藩して幕末の荒波に飛び込んだ龍馬を彷彿させる。国づくりのために大きな視点に立ち、汗をかいて行動した龍馬。そこに自らの政治哲学とロマンを重ねている。座右の銘とする後漢書の箴言「有志有途」（志あれば道は開ける）とともに、小林の生き方の指針にもなっている。

志帥会に入ったのは二階俊博との縁からだった。小林を二階に紹介したのは、当時の自民党総裁の谷垣だった。谷垣は小林が将来ある人材と見て、二階への弟子入りを勧めた。

当時、二階は選挙対策委員長だったが、あえて落ち目の自民党から立候補したいと飛び込んできた小林が見どころのある若者と映ったのだろう。以後、二階は目をかけて可愛がり、小林をアメリカから定期的に呼び寄せ、政治や選挙のイロハを叩き込んだ。

志帥会に属するようになったのも、政治の師のもとで学びたいという自然の発露だったといえる。

地盤沈下する日本を導くため政治活動に邁進

平成19年、駐米大使館に赴任した際、小林は苦い現実を知った。世界第2位の経済大国なのに、アメリカでは日本の存在感や評価があまりに低いのだ。さらに中国が名目GDPで日本を急追、結局、平成22年には第2位の座を奪われた。日本の存在感の希薄さという問題意識が小林の政治信条の根底にはある。

では、世界の中での存在感を高めるにはどうすればいいのか。国益を守ること、国の富を増やすことだと小林は考える。具体的にいえば国民の生命を守ること、暮らしをよくすることであり、つまるところ経済と安全保障ということになる。

さらに小林はこうも続けた。その語り口は熱い。

「経済と安全保障は車の両輪であり、それを支えるのは新しい価値を生み出して世の中を変えるイノベーション。そしてイノベーションをつくり出すのが教育です。図式でいえば経済と安全保障が最上位にあり、その下にイノベーション、イノベーションの下に教育があるという位置づけ。私は、常に

この図式を念頭に置き、政策の道標にしています」

経済や安全保障だけでなく、情報通信や農業、エネルギー問題ほか、課題が山積している。新しい感性で諸問題に取り組む小林。この若手理論家の今後の活躍を見守りたい。

私は、小林鷹之は日本の救世主になりうる人物だと思っている。政治家への転身を決意した直後、小林は私の家を訪ねてきた。直前に「小林鷹之に会ってください」と二階から電話があった。

間もなく長身の小林が現れ、いろいろ話をした。私は、小林鷹之に大いなる魅力を感じ、選挙活動を応援することにした。最初の小集会は小林の支持者の個人住宅だった。小林の選挙活動は最底辺から開始した。選挙運動員はアマチュアばかりだった。私は小さな駅頭のミニカーの前で応援演説をした。「小林は近い将来、日本を救う政治家に成長する。支持して下さい」と訴えた。

小林は選挙で勝利し、政治家の第一歩を歩みだした。小林は、努力の人だ。私が駅頭で訴えたとおり大きな政治家に成長しつつある。

勝俣孝明

かつまた・たかあき

昭和 51(1976) 年静岡県沼津市生まれ。 沼津市内の小中高校に通い学習院大学経済学部卒業後に地元銀行に就職。 慶應義塾大学大学院修了(経営学修士、 MBA取得)。 平成24年12月、 36歳で衆議院議員初当選。 第四次安倍内閣で環境大臣政務官に就任。 現在、 衆議院議員3期目、 衆議院環境委員会・理事、 消費者問題に関する特別委員会・理事、 財務金融委員会・委員、 自民党財務金融部会・部会長代理等を歴任。

同郷の有望政治家に親しみと大いなる可能性を感じている

勝俣孝明の選挙区は、静岡6区である。静岡6区は沼津市をはじめとする伊豆半島一帯であり、私が生まれ育った伊東市も勝俣の選挙区である。また、中選挙区時代には二階俊博幹事長が最初に秘書として務めた遠藤三郎元衆議院議員の地元でもある。勝俣は、遠藤三郎の母校・旧制沼津中学（現沼津東高校）の出身でもある。

勝俣は、人情味深い政治家だった遠藤三郎を心から尊敬している。私は同郷の勝俣に親しみを感じ、いまだチャンスはないが、いつかは、なんとか応援したいとかねがね思っている。

勝俣の選挙区は、地方都市として中規模の沼津市、農業や観光業が盛んな伊豆半島一帯で、ある意味で日本の縮図のような地域である。商工業地域もあり、観光も重要な地域産業であり、伊豆半島全体の交通網インフラの整備という大きな課題もある。小選挙区とはいえ、沼津から伊豆半島東側の熱海・伊東、中央部の修善寺、西伊豆そして南端の下田と非常に広いエリアである。

小選挙区制となり、この選挙区では元沼津市長を父親にもつ有力候補がライバルとしていることもあり、勝俣は過去3回の衆院選において非常に苦しい選挙戦を強いられている。しかし、比例東海ブロックで復活当選を果たし、衆議院議員を３期務めている。

勝俣は、２０１７年７月に志帥会に入会し、二階俊博の支援を受けた２０１７年衆院選では、ライバル候補にわずか６３１票というところまで肉薄した。地道な日常活動を怠らずに実践しており、小選挙区で当選する日は遠くはないと思う。

ごく普通の銀行員から衆議院議員をめざした

勝俣孝明は、沼津で生まれ育った。東京の大学を出てから就職したのは、地元沼津に本拠を置くスルガ銀行だった。勝俣は、スルガ銀行に１１年間勤務した。スルガ銀行は静岡県東部に展開する地方銀行である。勝俣は、自身の郷里である沼津・伊豆半島に強い思い入れがある。

勝俣が銀行員となった２０００年当時、日本は景気が冷え切って大変きびしい経済状況であった。新自由主義的政策のもと、金融をめぐっても「貸し剥がし」が横行するなど、地方経済は疲弊しきっている実情を勝俣は一銀行員として自分の目と耳で実感した。勝俣の周囲の中小企業のいくつもが倒産せざるを得ない現実を目にした。勝俣は、銀行員として「中小企業の苦境を政治家は理解しているのだろうか」と強い疑問を抱くようになった。

政治家は経済政策を掲げて国会で議論を展開している。さまざまな経済対策も口にする。しかし、勝俣が日々、目の前に決算書を広げ、融資や経営の相談におとずれる中小企業経営者の苦悩や声が政治家に届いているとは到底考えられなかった。

実際に地域のことがわかり、中小企業の悩みを現場で知った人間が国会議員となって、政治を変えていかなければ本当の経済は動いていかないのではないかと勝俣は考えた。これが、勝俣が政治に目覚める原点となった。

とはいえ、勝俣の親族や周囲に地方議員を含め政治家の係累は皆無だった。勝俣自身も、政治家になろうとは少しも考えていなかった。

候補者公募に参加して衆議院議員をめざすことに

2009年に自由民主党は政権を失い下野して野党となった。勝俣の住む静岡6区は、小選挙区制となって以来、自由民主党が小選挙区で議席を獲得したことがなく、候補者擁立に苦戦していた。

自由民主党は、広く候補者を公募し、一銀行員であった勝俣は一念発起して応募した。すると、勝俣の主張が評価され、公募に合格し、自由民主党の候補者となることができた。応募理由の根底と

2019 年 6 月 25 日　自民党本部前にて二階幹事長と頼重沼津市長とともに地元沼津港を PR

なっている熱意が評価されたのだろう。

「ふるさとの経済をなんとかしよう」という強い思いが、勝俣の政治家としての原点である。一人の銀行員としての率直な感想を政治の世界で実現しようと、候補者公募にチャレンジし、まったくの徒手空拳の状況から選挙を戦い、強力なライバルとしのぎを削ってきた。広い選挙区を駆けめぐり、人々と対話し、地域の課題や多くの人の悩みを国政に反映させようと勝俣は努力を惜しまない。

地方銀行の一行員という、きわめて普通のサラリーマンが衆議院議員として活動するに至った事案は、非常に印象的である。「庶民の声を国政に反映する」と口でいうのは易しい。しかし、実際は困難な部分もある。庶民が国会議員になればそれは可能だ。公募によって、それを実現させた自由民主党の懐の深さを感ずる。そして、志帥会は多種多様な人材を集め、一流の政治家に育てる努力をしている。

最近、私は郷里の伊東のことを研究している。勝俣に相談したところ、すぐに、私が探していた資料を届けてくれた。勝俣の動きは速い。しかも的確である。真面目で誠実だ。

勝俣の伊東事務所は私の生家のすぐ近くにある。付近には木下杢太郎の生家もある。かつて伊東を含む静岡2区には石橋湛山もいた。勝俣は、遠藤三郎の後継者であるが、首相になった石橋湛山のような超大物政治家に成長してほしいと願う。

伊東は真面目で落ち着いた温泉・観光都市である。今は、コロナの影響を受け、大変苦しい状況にあるが、伊東市民は耐えている。二階俊博の弟子の勝俣への期待は強い。

小倉將信

おぐら・まさのぶ

昭和56（1981）年生まれ。平成16（2004）年東京大学法学部卒業後、日本銀行に入行。平成21（2009）年オックスフォード大学大学院修了。平成24（2012）年衆院議員初当選（現在3期目）。平成29（2017）年総務大臣政務官就任。現予算委員、総務委員、消費者問題特委員、党国会対策委員会副委員長、党金融調査会事務局長、党消費者問題調査会事務局長、党行政改革推進本部事務局長等。

日本銀行勤務を経て公募に応じて政界へ

小倉將信は、大学卒業後、日本銀行に入行した。2009年には日銀からオックスフォード大学大学院に留学して修了し金融経済学修士号を取得して帰国した。

ちょうど、その前後、リーマンショック、東日本大震災と大きな社会変動の時期に遭遇した。金融マンとして働き、やりがいもあったのだが、一日に数千億円という巨額の資金を扱いながら、その仕事に対して具体的にどのように世の中のためになっているのかという実感を得にくいことを感じるようになっていたという。

小倉は、幼いころから父より、「環境が恵まれて人様のお役に立てるようであれば、しっかり社会のために仕事をしなさい」と聞かされて育った。その父の言葉が脳裏をよぎり、日銀マンとして金融の第一線で働きながらも、もっと世の中のためになる働き方ができるのではないか、自分が培ってきた金融・経済についての知識、経験を具体的に人々のために活かす方途があるのではないかと考えた。

まだ20代の青年が、このように巨視的なものの見方ができたことは驚くべきことだ。そして、そうしたことが考えられるように、育て上げた小倉の父親は立派だと私は思う。なかなかできることではない。

そして、2011年には日本銀行を退行し、たまたま自由民主党が行っていた、衆議院議員選挙の候補者公募に応じた。

小倉の述懐によれば、「ある意味、偶然のことでした。私が応募したのは締切ギリギリで、もし1日遅れていたら、今の自分はなかったかもしれません」。小倉が立候補を予定していたのは、衆議院東京23区で東京都町田市と多摩市が地盤であり、当時は自由民主党が下野していて、きびしい選挙情勢にあった。

2012年の衆議院議員選挙において自由民主党公認候補として立候補し、見事に当選を勝ち得た。その後の2回の選挙においても連続して小選挙区で当選を重ねている。現在、衆議院3期目である。

志帥会で鍛えられながら衆議院議員として成長しつつある

こうして衆議院議員としてスタートした小倉が志帥会に入ることができたのも、人との出会いに恵まれたからだった。小倉は、その親族や周囲に政治関係者は皆無であり、政界にはまったく知己がなかった。そうした中、立候補前から選挙活動を導いてくれたのが、志帥会の鶴保庸介だった。鶴保を通じ河村建夫にも指導を受けることができた。

志帥会のメンバーと交流していくうちに、志帥会が政策集団として多様性があり、構成員が互いの長所を認めあっていることに気づいた。小倉は、「これまた偶然に近いかたちで志帥会に入らせていただいたのですが、本当によかったと思っています」と語る。

小倉の選挙区は、東京西部のベッドタウンとして発展してきた地域である。小倉も多摩市の生まれだ。どちらかといえば新住民と呼ばれ、先祖伝来からこの地に住まうのではなく、新たに家を持って住民となった人が多い地域である。その影響もあって、政治的には無党派層が多いとも言われる。マスコミが無党派層の動向を知りたいときには、多摩市でリサーチすれば全国的な様相が把握できるというほどだ。保守陣営にとって、必ずしも戦いやすい地ではない面もある。

住民から国会議員への要望にしても、自分たちの地域のために働いてほしいというより、国会議員なんだから広く国のため、国際的視野で責任を果たしてくれという雰囲気なのだという。日銀で金融の最前線で働き、海外でも学んだ経験のある小倉にとって最適の地域ともいえよう。

町田市も自由民権運動発祥の地であり、現在でも住民の政治意識はきわめて高い地であり、選挙民の政治家を見る目は確かだ。

地元の夏祭りで子供たちと交流

将来に向けての諸課題に積極的に臨んでいる

政治意識の高い地域ではあるが、現代的な課題がないわけではない。多摩ニュータウンが広がる地域で、高齢化の問題は深刻である。開発後４０年、５０年が経過し、インフラの老朽化も一気に生じてきた。少子高齢化は地方だけの課題ではなく、大都市近郊においては、その進行スピードが非常に早い。諸問題が一気に押し寄せてくる。

小倉は、地域の課題としてだけでなく、日本全体の少子高齢化問題への対応を真剣に考えている。

同時に小倉の専門である国際経済・金融行政にも力を入れたいと語る。持続的な経済成長なくしては、雇用を守ることも社会保障の充実もできないからだ。志帥会の仲間とともに切磋琢磨しながら、政治家として一回りも二回りも大きく成長しつつあるのが小倉だ。

志帥会事務局長の永井等は、小倉将信についてこう語る。

「政策通で理論派。自民党の部会や多くの議連で事務局を務める。あらゆる場で一目置かれている。常に静かで冷静沈着である」

小倉は非常に謙虚で庶民的である。なにごとにも自然体で臨んでいる。秀才だが、それを表に出すことはない。それでいて努力を惜しまない。小倉は、自分に与えられた任務を着実にこなしていける能力者である。小倉は近い将来、政界の中心人物となるだろう。

小倉には、すでに師とすべき政界の先達はいると思うが、政治の世界は職人の世界に似ていて、親方や能力ある先輩の姿から生き方と知恵を学び成長する。小倉がさらに大きく羽ばたくためには、志帥会で、優れた先輩から、政治家としての知恵と術を学びとってほしい。大きなすぐれた政治家に小倉が成長することを期待している。

神谷昇

かみたに・のぼる

昭和50年泉大津市議会議員初当選（泉大津市政最年少記録26歳）4期連続当選。平成3年大阪府議会議員初当選4期連続当選。平成16年泉大津市長初当選3期連続当選。平成26年衆議院議員初当選、現在二期目。

地域の疲弊を座して見ていられないと立候補

神谷昇は、26歳で初当選した大阪府泉大津市の市議会議員を振り出しに、平成3年には大阪府議会議員に駒を進める。4期14年で府議会議員をめでたく「卒業」し、平成16年からは泉大津市の市長を3期8年間務めた。この首長としての経験は貴重だった。

平成26年の衆議院総選挙に大阪18区から自民党公認で出馬、遅咲きながら65歳で国会議員の座を射止めた。平成29年の総選挙でも勝ち上がり、現在2回生として活躍する。

以上がおよそ45年に及ぶ神谷昇の政治キャリアだが、そもそも小学校の頃から政治家を目指していたという。他人の面倒を見るのが好きで、母親からは「お前は自分のことより、よそ様の世話ばかり焼いている」と小言をいわれたそうだ。

国政進出を考えたのは、生まれ育った泉州（大阪府南西部）の疲弊を市会議員時代からつぶさに目にしてきたからだった。よく大阪は東京と肩を並べて語られるが、もはや差は歴然で、大阪は単なる地方の都市に成り下がってしまった。それどころか平均所得では全国平均を下回る。神谷が地盤にする泉州はそんな大阪の中でも最も地盤沈下が激しく、惨憺たる状況だと神谷は目を伏せた。

かつて泉州は繊維産業や鉄鋼、造船で栄えた先進地域だった。栄光再びとまではいかなくても、凋落に歯止めをかけ、せめて経済を上向かせたい。神谷の出馬の理由である。

関西圏を浮上させる神谷の壮大なビジョン

神谷は国会議員就任早々、泉州の基幹道路整備事業に着手した。泉州にある和泉市と和歌山県かつらぎ町は和泉山脈を境に接しているが、両者をつなぐ父鬼街道（粉河街道）の道幅が狭く、対向車が安心してすれ違えない貧弱さだった。

まずはネックになっていた鍋谷峠の父鬼トンネルを開通させ、道幅も拡張した。以前は一日数百台の交通量だったが、整備後は1万5000～6000台に急増する。それにともない、地域経済は活性化に転じた。神谷は早速、公約を実現し、地域に貢献した。

もっか神谷は、泉州にある関西国際空港を中心にした様々な構想を描いている。そのためには大阪湾環状道路をつくり、和歌山市と淡路島を結ぶ紀淡海峡連絡大橋もかける。奈良県を含めた大阪圏と徳島県、さらに高知県をネットワークで網羅して、観光の一大拠点を創設するという壮大なプランである。

この地域は歴史、文化面においても観光資源は豊富で、トータルで見ると海外から観光客を呼び込めるポテンシャルは非常に高い。令和7年には大阪で国際博覧会（大阪万博）も開かれ、神谷の夢への追い風になっている。観光立国は志師会の得意分野である。二階俊博をはじめ多くの仲間の後押しもある。構想を嬉々として語る神谷の顔に笑顔が弾けた。

二階俊博の哲学と政治手腕に学んで成長していきたい

神谷は、大阪府議会議員、泉大津市長の時代から政治家・二階俊博には注目していた。この人なら間違いないということで志帥会入りを決めたと神谷は振り返る。

進めていた父鬼トンネルの整備工事も、思い切って二階に相談すると動いてくれ、国土交通省の道路局長からゴーサインの即答がもらえたと、その手腕に敬服した。話をよく聞いてくれ、いつも適切なアドバイスがもらえるが、とくに困っている人がいて、どうしても助けたいと話すと、身を乗り出して耳を傾けてくれると続けた。

自由民主党は国民政党であり、弱者の立場を考えて政策を進めなければいけないが、二階は常に弱者に優しく、政治家として見習うべき点だと神谷はいう。そのうえで二階には結果を出せる問題解決

能力が備わっている。自民党にはキラ星のごとく優秀な政治家がそろっているが、すべてにおいて二階は突出していると述べた。

また、偉ぶらずにいつも気さくに接してくれ、顔を見れば「おっ、元気か」と気軽に声をかけてくれる。そんな点も人として尊敬できると神谷はつけ加えた。二階への厚い信頼と強い思いを感じる。

神谷の戒めは世阿弥の言葉「初心忘るべからず」だそうだ。自分ではそのつもりでも、いつか傲慢になり、人のために役立つという目標を見失っていないか。二階幹事長を見るとこの金言が脳裏をよぎる。二階先生のように人に寄り添い、実行力をもって人々に貢献できる政治家になりたい――。神谷は志師会に入ってよかったとしみじみ語った。

神谷昇について、志帥会事務局長の永井はこう語った。

「真面目で、地元への強い思いがある。必要なことであれば臆せず、どんな人にも意見をぶつけていける気骨がある」

志帥会には「能ある鷹は爪隠す」タイプの謙虚な政治家が少なくないが、神谷もその一人である。ずば抜けた政治家としての高い能力をもちながら、それを見せず、「世のため、人のため」に働きつづけてきた。神谷こそは、真の「国民とともに生きる」政治家だ。

神谷は、大阪、関西にとって大切な政治家である。日本を発展させるためには、東京一極集中の流れを止めて、東京と大阪を中心とする関西の二つの中心を造らなければならない。二中心楕円型の日本にすることが必要である。これで日本は安定する。関西・大阪の発展にとって神谷は欠かすことのできない大切な政治家である。

岡下昌平

おかした・しょうへい

国会議員秘書、大阪府議会議員、日大卒、党国会対策委員会オブザーバー、党経済産業部会副部会長、党観光立国調査会事務局次長、党国土・建設関係団体副委員長党文化立国調査会幹事、党クルーズ船観光振興議員連盟事務局長、経済産業員会、内閣委員会、科学技術・イノベーション推進特別委員会。

岡下昌平

大蔵官僚の父から学んだ公僕としての矜持

現在、衆議院議員2期目の岡下昌平は、大蔵官僚だった父親の背中を見て育った。父の昌浩は公僕として昼夜国に身を捧げ、様々な難題の克服に真摯に取り組んだ。謹厳実直で筋を通す仕事ぶりから堅物と見なされることもあったが、情に厚く、部下たちからは慕われた。私もよく知っているが、官僚のあるべき姿を体現したような傑物だった。

そんな父の姿から国家に仕える者の覚悟や気概を学んだ岡下が、政治の道に進んだのはある種、自然な流れだったといえるだろう。とはいえ、岡下が国会議員に至るには、岡下家ならではのストーリーがあった。父昌浩は支援者の声に応えて政治家への志を立てたが、道半ばで病のために急逝。夫の遺志を継いだ母親の信子が平成12年、自民党公認で総選挙に出馬して当選を勝ち取った。

これを機に岡下は母の秘書となり、本格的に政治の世界に足を踏み入れる。そして平成26年、信子の引退を受け、大阪府議会議員をしていた岡下が、地盤を受け継ぐ格好で第47回衆議院議員総選挙に立候補、初陣ながらみごと議席を獲得したのである。

尊敬する父の夢を子がかなえたわけだが、岡下はそこに重きをおいていない。それより一人の政治家として、日本の抱える諸問題にどう立ち向かうか。岡下は、父から学んだ国への奉仕の心を継承し、座右の銘「初志貫徹」の精神で日々職務に精進している。

かつての善き派閥の伝統を色濃く残す志帥会

総選挙に打って出ると決めたとき、岡下はどの政策集団に属せばいいかを野中広務に相談した。野中はいわずと知れた平成研究会の重鎮だが、岡下はそんな野中に向かって、平成研究会ではなく、かつての田中派のような派閥らしい派閥に入りたいと告げた。政界の超大物を前にして、この物怖じしない態度が岡下の魅力の一つといえるかもしれない。

話を聞いた野中は、「二階さんに連絡しよう」とその場で受話器を取り、「君の所で預かってもらえないか」とすぐに相談してくれたという。それに対して二階は、岡下の父・昌浩とは若き日に、目白の田中角栄邸で共に学んだ旧知の仲であり、その息子なら喜んで引き受けると答えた。そんな経緯で、岡下は志帥会に迎え入れられることになった。

選挙で当選し、入会した志帥会は岡下が望んでいたとおりの政策集団だった。政治に対して全員が真摯に取り組んでいる。二階俊博や伊吹文明、河村建夫といった、政界の大先輩との距離が近いことにも岡下は驚き、ほんとうに嬉しいと思ったという。

とにかく先輩たちが後輩の指導を徹底的におこなっている。あるときは面と向かって叱責し、またあるときには食事に誘って可愛がってくれる。温かい先輩たちの存在は志帥会ならではで、他派閥にいった同期の国会議員たちから面倒見のよさを羨ましがられるほどだという。まさに派閥らしい派閥なのだ。岡下は先輩たちからこうアドバイスされた。

「次は君が後輩の世話ができるように、早く力をつけなさい」

岡下は、志帥会の伝統を受け継ぐべく、鋭意奮闘中である。

コロナ禍を乗り越え「真の観光立国化」を再び推進するために

岡下の選挙区は大阪17区で、堺市南西部を地盤にする。ここには巨大な泉北ニュータウンがあるが、高齢化や人口減少が著しく、すでにオールドタウンと化している。衰退は農村部に限らず全国各地の都市部でも進行し、いわば日本の負の縮図ともいえる地域だ。それだけに経済再生は岡下の喫緊の政策課題となり、処方箋として取り組むのが海外から観光客を呼び込む、インバウンドによる観光立国化だった。

堺市・大鳥大社の豆まき

経済のパイが縮小する現実を打開するにはこの方策しかないと、クルーズ船誘致の観光議連の事務局長も務めていたが、降って湧いた新型コロナ禍が冷水を浴びせる。令和元年に4兆8000億円あったインバウンドが霧散してしまった。コロナ禍が収束したならば、直ちにクルーズ船の問題点を洗い直し、安心・安全基準を新設して、再びクルーズ船誘致に動き、観光振興にいっそう尽力したいと抱負を語る。

さて、今回のコロナ禍では、日本人の秩序だった行動が世界から賞賛を集めた。しかし、そんな日本人の恥の意識を核とした道徳心、倫理観が年々薄れていっているのも事実だろう。かつて父母から「お天道さんが見ているよ」といわれ、恥を恥と思える文化があったと岡下は振り返る。「日本人のこの美徳を次の世代に受け継いでいってもらうのも、政治家の大切な務めだ」と岡下は語る。傾聴すべき意見である。

１９８０年代の初め、中央公論編集長が「すぐに会いたい」と言ってきた。「森田さん、定数３の香川３区に四人のエリート官僚が立候補しそうです。これを四百字詰め３０枚で書いて下さい」と言う。私は引き受けた。

現職の森田一とは東京で会った。新人の月原茂皓、大野功統、岡下昌浩とは現地で会うことにして、香川に向かい三人に会った。四人とも同世代のエリート官僚だった。結果は、森田、月原、大野が当選した。岡下の苦戦の原因は田中派に属していたことにあった。

岡下昌浩の選挙事務所の机上には田中角栄の写真があった。壁には後藤田正晴のポスターが貼られていた。四人のうち岡下が最も鋭い感性の持ち主だった。岡下昌平は父親から鋭い感性、そして強靭な精神力を相続した。私は、岡下昌平が大きく成長することを期待している。

小林茂樹

こばやし・しげき

昭和39（1964）年、奈良県奈良市生まれ。慶應義塾大学法学部法律学科卒業後、㈱大和銀行に入行。その後、奈良に戻り実家が経営する三和住宅㈱に入社、奈良青年会議所理事長、父の死去に伴い奈良県議会議員を2期務める。平成24（2012）年に衆議院議員選挙に初当選、現在2期目。一般社団法人全国住宅産業協会副会長、党文部科学部会副部会長、社会教育・宗教関係団体委員会副委員長。

自民に不利な選挙区で勝ち抜いた若手のホープ

平成29年10月22日の衆議院総選挙で、次代の野党リーダーの一人と目されていた馬淵澄夫を奈良1区で倒した。このことは多くのマスコミが取り上げて話題となった。事前の予想では、馬淵有利の観測が強く、小林茂樹の苦戦が伝えられていたからだった。

馬淵とは因縁があり、打倒馬淵の刺客として自民党奈良県連が担ぎ出したのが県議を2期務めていた小林茂樹だった。平成24年12月16日の初挑戦では敗れ、なんとか比例近畿ブロックで復活当選を果たしたが、平成26年12月14日の総選挙では再び軍門に下り、今度は比例復活も逃して議席を失った。さぞかし無念で悔しかったことだろう。

捲土重来を期すべく挑んだ三度目の戦いでようやく馬淵に勝ち、馬淵の比例復活も許さずにみごと返り咲きを果たしたという流れである。奈良市と生駒市で構成される奈良1区は浮動票が多いのが特徴で、自民党には比較的不利な選挙区とされてきた。小選挙区制が導入されて以降、奈良1区で自民党の候補者が小選挙区で勝てたのは平成12年の森岡正宏以来で、17年ぶりの快挙となった。

人気と知名度を誇る相手との対決を命じられ、出馬することに迷いはなかったのだろうか。そこに小林の胆力と政治にかける熱い熱情を感じる。小林は坂本龍馬の言葉「世に生を得るは事を成すにあり」を座右の銘とする。生まれてきたからには、何かをなし遂げなくてはならないという意味だが、人生は一度きりと割り切ってチャレンジしたものと思われる。そこに肝の座った小林の生き方が垣間見える。

人間性豊かで自由闊達な空気に惹かれて志帥会に入会

慶応義塾大学法学部を卒業し、東京で大手銀行に就職した。6年勤めた後、小林は家業である不動産業を継ぐため奈良市に帰った。社長としてビルや住宅開発の仕事にやりがいを感じ始めていた平成１８年、奈良県議をしていた父が選挙を目前にして急逝する。

政治に関わるつもりは一切ないと宣言し、父からは了承を得ていたが、父の支援者たちが熱心に出馬を促す。「ひとつやってみようではないか」ということで立候補し、４２歳で県議になった。これが小林の政治家としてのスタートになった。

衆議院議員2期目の現在は志帥会に属しているが、1期は無派閥として過ごした。無派閥でも構わないと思っていたがその後、落選中に考えを改めたと語る。ちゃんとした政治の師匠を見つけ、同僚や先輩議員たちに揉まれることが政治家としての成長に必要ではないか――。真面目な小林の性格がうかがわれる。

自民党奈良県連の会長を務めていた奥野信亮に相談すると、「人間性豊かで、自由闊達に話ができる、非常に面白いところだ」と志帥会を紹介された。

奥野を訪ねて議員会館にいったとき、隣がたまたま志帥会の江﨑鐵磨の部屋だった。そこにはいつも来客があって賑やかで、笑い声が絶えなかった。そうした仲間がいることを見て羨ましくなり、2期目の当選を果たした後、志帥会に入会したと小林は振り返った。志帥会の秘めた情熱家として、今では会に欠かせない存在となっている。

日本の教育制度を根本から変えていきたい

当選以来、様々な部会に積極的に参加して活動を続ける小林だが、政治家としてもっとも取り組みたいテーマは教育だという。

まずは初等・中等教育だが、これの充実を図って、心身ともに健全な子どもたちを育成したいと抱負を語る。資源の乏しいこの日本では、最大の財産は人材であり、初等・中等教育は明日の国づくり

育児について相談を受ける小林茂樹

の基盤になると続けた。また、優秀な若者が教育者を目指さない現実も変えていきたいと力説する。学校の先生が尊敬されることが教育の前提であり、そうではない風潮の背景にはいき過ぎた偏差値重視の教育があり、また横行する学歴主義の弊害があると強調した。

イジメの根絶はいうまでもなく、野外活動の拡充や道徳教育の充実に加え、科学技術に対する関心も若いうちから養っておきたいそうだ。教育をめぐっては問題が多岐にわたり、制度の改革は喫緊の課題になっていると小林は話した。

1期生のときから自民党の文部科学部会に参加し、2期目の現在は同部会の副部会長を務めてメンバーをリードする。教育改革に情熱を注ぎ込むのは、将来の日本のためとの確信からで、旺盛な情報発信力を武器に日々、山積する課題と取り組んでいる。

奈良出身の政治家に期待していることがある。それは、奈良の古代史と偉大な文化遺産と奈良から出発した日本の伝統文化を、日本だけでなく世界に広めてほしいということである。奈良は日本文化の源流である。奈良文化は日本民族の誇りである。すべての青少年に、日本文明の源流を教えるため、奈良をより充実させて頂きたいのである。

野党のエースである馬淵澄夫に勝つというのは大変なことである。小林茂樹にはそれだけの力があるということだ。政治に対する旺盛な情熱があるからこそ、馬淵に勝つことができたのだ。この情熱を奈良文化の発展のためにも使ってほしいと願う。

小林茂樹の将来は明るい。奈良からの日本文化発信に全力で取り組んでいってほしい。

鳩山二郎

はとやま・じろう

1979年1月1日生まれ（41歳）。2003年3月杏林大学社会科学部卒業。2005年9月鳩山邦夫私設秘書。2007年8月法務大臣政務秘書官就任。2008年8月鳩山邦夫公設第二秘書。2013年7月大川市長就任。2016年9月大川市長辞任。2016年10月衆議院福岡第六選挙区補欠選挙初当選。2017年10月第48回衆議院総選挙にて再選。

政界の名門・鳩山家の継承者ゆえの苦労もしている

鳩山二郎は、政界においては名門中の名門である鳩山家に生まれた。二郎から、じつに四代もさかのぼる高祖父・鳩山和夫は元衆議院議長、同じく高祖父・寺田栄は元貴族院議長、曽祖父・鳩山一郎は元内閣総理大臣、祖父・鳩山威一郎は元外務大臣、伯父・鳩山由紀夫は元内閣総理大臣、父・鳩山邦夫は元総務大臣・法務大臣をそれぞれ務めた。

私は、この人たちの中で、二郎の曽祖父・威一郎、伯父・由紀夫、父・邦夫とは会ったことがある。とくに鳩山由紀夫とは親しかった。皆、大変立派な紳士で優れた政治家だった。

政界の綺羅星のような一族が鳩山家の政治家である。これだけ見ると、「やはり鳩山二郎も世襲政治家の典型だ」と決めつけた見方をしてしまいがちである。とくにマスコミはその先入観に基づいて精査もせずに評価を下してしまう傾向が顕著である。

見方を変え、親と同じ職業に就いた他の例ではどうだろう。親が医師で、子が同じく医業に就いたり、学者の子が研究者となり、歌舞伎役者が先代の名跡を襲名したり、百年を超す老舗を継ぐような場合には、ことさら世襲を非難されることはない。

しかし、マスコミは政治家については厳しい。子は親の背中を見て育つ。政治家の子弟が、親の姿を見て、政治家を志すことそのものを頭から否定することは妥当ではない。鳩山二郎も政界の名門で生まれたがゆえの苦労を経験している。

政治家人生のスタートは福岡県大川市長だった

鳩山二郎の父・邦夫は、所属政党が変遷したこともあり選挙区がしばしば変化し、必ずしも順風満帆の選挙ばかりであったわけではなかった。最後は母方の祖父の出身地である久留米市を中心とする福岡6区に移った。鳩山二郎は、父の地元秘書を経て、2013年福岡県大川市長選に周囲から推されて立候補し、史上最年少の34歳で大川市長となった。

鳩山二郎は、この大川市長を務めた経験が、以降の政治家人生において大きな財産となった。二郎は述懐する。

「市長職が楽しくて仕方ありませんでした。辛いことも多かったのですが、首長としての説明責任を果たすことを心がけました。限られた予算内でやりくりしなければなりません。予算を削らざるを得なかったときにも丁寧に事情を説明しました。市長職をやりながら、将来は国会議員として仕事をしたいと強く思うようになりました」

鳩山二郎の政治家としての原点は、この大川市政を担ったところにある。そして、２０１６年、父・邦夫が急逝する。それに伴う補欠選挙に二郎は出馬を決意するのだが、自由民主党の公認を得ることはできず、無所属で立候補せざるを得なかった。不利な条件ではあったが、二郎は敢然と補欠選挙に臨んだのであった。通常であれば、父親の弔い合戦であるのだが、父が所属していた政党の公認すら得ることのできない厳しい闘いを強いられたのだった。結果は、十万票を超す得票で鳩山二郎が次点に大差をつけて圧勝した。とくに3年3ヶ月間市長を務めた大川市では８０％を超す得票率だった。二郎の市長在職中の仕事を市民が高く評価した結果だった。

市長を経験して行政の厳しさ、地方の中小都市の運営の難しさも痛感した鳩山二郎だったが、だからこそ国会議員となって地方都市創生に尽力したいという気持ちが強くなっていったのであろう。

二階俊博幹事長と鳩山二郎

父の流れとは異なる志帥会に加わる

鳩山二郎は、父・邦夫が自由民主党内で属してきた流れであれば、本来は竹下派であり志帥会とは異なる。父・邦夫死去による補欠選挙ではあったのだが、同じ自由民主党から別の立候補者があり、どちらも公認されずに勝利した方が追加公認されるという厳しい選挙だった。この厳しい闘いで二郎を応援したのが、二階俊博幹事長だった。また、同じ福岡県の武田良太も二郎を親身になって支援し、厳しい選挙戦を共に戦ってくれた。

こうした二郎自身の人脈と判断で志帥会に加わることになったのである。このことからも、鳩山二郎が、批判の対象となりがちな世襲議員とは本質的に異なっていることがよく分かる。二郎は、「二階先生と武田先生のご支援がなかったら、私は勝てなかった選挙だったと思います」と謙虚に語る。鳩山二郎は、スマートな現代青年の外見の中に、非常に強い信念を秘めた力強い政治家である。

今から七五年前の1945年11月に結党した自由党の総裁になったのが鳩山一郎だった。筆頭総務が三木武吉、幹事長が河野一郎だった。この頃、私は郷里の伊東から小田原市の中学に通学していたが、小田原駅で河野一郎をよく見かけた。1946年の総選挙で自由党が第一党になり、鳩山一郎内閣が生まれる前夜に、占領軍により公職追放された。鳩山一郎政権は1954年に誕生したが、以降も苦難の連続だった。

鳩山由紀夫も苦労した。私は、時々相談された。邦夫も苦労した政治家人生だった。鳩山二郎は覚悟ができている。私は、鳩山二郎の未来を信じている。父や鳩山家の政治家たちに勝るとも劣らない立派な政治家として、世のため人のために尽力してくれることを期待している。

小寺裕雄

こてら・ひろお

昭和三五年滋賀県八日市市（現東近江市）生まれ。昭和五四年滋賀県立彦根東高校卒業。

昭和六一年同志社大学文学部卒業。平成十年八日市青年会議所理事長。平成十五年滋賀県議会議員初当選、二三年・二七年県議会議員当選、二八年滋賀県議会副議長・自由民主党滋賀県第四選挙区支部長、同年衆議院議員総選挙初当選。現在、内閣委員、農林水産委員、党農林部会副部会長、農林水産関係団体副委員長、外国人労働者等特別委員会常任幹事。

周囲にたまたま担がれて入った政治の世界

平成29年の衆議院選挙で初当選を果たした、滋賀県第4区選出の1年生議員である。滋賀県議選や東近江市長選では落選の憂き目を見るが、その挫折体験が弱者に目配りできる、小寺裕雄の人間的魅力を深めているようだ。

小学校3年生から始めた柔道で高校時代には、滋賀県大会で優勝し全国大会にも出場した。柔道で培ったバイタリティと、物事を簡単にあきらめない粘り強さが小寺の大きな武器といえる。スポーツマンらしい明るさと強靭な精神力をもっている。

同志社大学を卒業後、マルチメディアも扱う書店を経営していた。その後、コンビニエンスストアの経営にもあたる。この経験は、政治家となったとき、商工業者・中小企業経営者の実情を皮膚感覚でわかり、小寺にとって大きな強みのひとつとなっている。

そうしたなか、滋賀県議会選挙において自民党内の候補者選考の混乱から、周囲が小寺への立候補の動きが出た。小寺の人柄や地域での活動をよく知る人たちが、県議会議員に推した。ことさら政治家への道を志していたわけではない。そもそも家族や親戚に政治関係者はおらず、推薦者の口車に乗って、政治の世界に足を踏み入れてしまったと苦笑する。

国政進出もひょんなことからで、滋賀４区の自民党前任者が不祥事で離党。県会議員が鳩首会議を重ねた結果、小寺に白羽の矢が立ったのだそうだ。こうした経緯にも、日頃の小寺の議員活動を周囲が高く評価していたことがうかがわれる。

だが、前任者離党のごたごたで、小寺は党本部から出馬の条件である支部長職を認めてもらえなかった。そこで知遇を得ていた伊吹文明に相談すると、幹事長の二階俊博を紹介された。さらに二階から幹事長特別補佐の武田良太に話が通じ、党選挙対策本部の面談に漕ぎつけることができた。かくして正式に支部長職を手にできたのだが、小寺は志帥会のネットワークの確かさに驚嘆し、こうした仲間とともに政治活動をしたいと思い、志帥会に加わって衆議院議員として活動を始めたのだと振り返る。

ライフワークの農業振興で過疎化対策に取り組む

小寺の地盤である滋賀４区は県南西部に位置する。風光明媚な琵琶湖が横たわり、織田信長の安土城跡、聖武天皇の紫香楽宮など歴史遺産に恵まれた土地である。名刹、古刹もあり、国宝や重要文化財も多数有する。内外に向かって誇れる地だと小寺は目を細めた。

この地は高級和牛の近江牛の産地で、近江米も採れる農産業が盛んなエリアでもあった。小寺は県会議員のときから農業に関心を払い、農業の再生を一番の政治課題に掲げてきた。

人口減少が進行する今、生き残りを図るために農産品の輸出は課題といえる。商品価値の高い品質の開発も急務だろう。しかし、日本の農地の約４割は中山間部に偏在し、耕地は決して広くない。競争社会で打ち勝つにはハンディが大きく、だからこそ政治が出動し、保護育成を図る必要があると、小寺は声を大にして主張する。

滋賀県でも限界集落の問題は深刻だ。集落機能を維持するには、第一次産業を盛り上げる必要があり、そうでないと産業としての農業自体も衰退すると危機意識をもつ。

そして農業の振興は、日本全体にとっても利点があるとも語る。農村社会では三世代同居や地縁血縁関係で介護や育児を担うが、それが崩壊して都市部への人口流出が増加すると、介護や育児を公的施設が肩代わりすることになり、財政負担が莫大に膨らむ。だからこその農村振興だと力説するが、地道に農村をめぐってきた小寺ならではの見識だろう。

近江八幡市野村町での「餅つき」

目指す政治家は田中角栄と二階俊博

「たまたまではあったが国会議員になった以上、とことん人の役に立つことをやりたい」と小寺は言う。そのためには当選したときの感謝の気持ちを忘れず、「凡事徹底」の信念で邁進したいと決意を述べる。凡事徹底とは、何でもない当たり前のことでも、徹底してコツコツやり抜くという意味の箴言だ。奇を衒わず地道に努力する小寺の姿に重なる。

そんな小寺が尊敬する政治家が田中角栄だ。田中角栄は人のためになることを考え、図抜けた行動力でそれを実現化していった偉大な政治家である。田中角栄について書かれた評伝にはすべて目を通したという。

同時に小寺は、志帥会の会長二階俊博を尊敬していると続けた。田中角栄に匹敵する傑物を現在の政界に探そうとすると、二階以外には見当たらず、かつての党人派政治家のよき伝統を体現している「世のため、人のため」の政治を実践できているのが二階だと思っている。さらに、志帥会では先輩議員が後輩を指導し、仲間が集まって切磋琢磨できる、本来あるべき政策集団としての環境を、二階や伊吹が整えてくれていることにも感謝していると、小寺は言った。小寺は、二階俊博への傾倒ぶりを隠そうとしない。二階の政治家としての嗅覚とセンス、さりげない目配り、周囲への気配りの細やかさについても熱く語る。政治家はかくあるべきではないか――。それを強く感じるそうだ。二階のもとで学べる喜びとともに、目指すべき政治家が身近にいることは何より嬉しいことだという。

小寺をよく知る志帥会事務局長の永井等は、「庶民的でユーモアに富んでいる。話し方は冷静で穏やかだが、内実は熱い思いを抱いている。いつも委員会には一番乗りする」と語った。小寺裕雄は、将来が楽しみな政治家である。

泉田裕彦

いずみだ・ひろひこ

1962年新潟県生まれ。1987年京都大学卒、通商産業省入省。大臣官房秘書課長補佐、資源エネルギー庁、国土交通省調整官、岐阜県局長等を歴任し、2004年~新潟県知事(3期)。2017年衆議院議員初当選。現在、衆議院内閣委員会・農林水産委員会・原子力問題調査特別委員会委員、自由民主党法務部会副部会長、厚生労働部会副部会長等の役職を務める。

新潟県知事12年の実績を積み上げ国政に参入

泉田裕彦

令和2年5月の検察庁法改正案の審議では、衆議院内閣委員会の委員を務めていた泉田裕彦は「強行採決は自殺行為だ」とし、強行採決するのであれば委員会を退席すると述べ、同委員会の委員を外された。芸能人らがSNSを通じて抗議の声を挙げ、結局、法案は先送りになったが、なかなか骨のある人物だと私は高く評価している。

泉田は、父親が新潟県庁の職員で、行政を実質動かしているのは政治家ではなく、本省の課長級の官僚だという話を聞いて育った。社会に役立つ人間になりたいと考えていた泉田は、早くから行政官としての官僚になる志を立てていたそうだ。

京都大学卒業後、望みがかなって通産官僚になった。中央で様々な分野に手腕を振るい、岐阜県庁への出向を求められて新産業労働局長などを務めたが、そこで知ったのは、霞が関にいては見えない地方の深刻な疲弊だった。そのころには行政も政治主導へと流れが変わり、官僚の役割は低下し、次官候補ながら民間にいく人も増えていた。

官の限界を悟った泉田のもとに、知事選出馬の要請が届く。衰退する故郷を何とかしたいと官僚を辞して立候補した。激戦を制し全国最年少の４２歳で新潟県知事に就任する。だが地方から中央にいくら陳情しても、中央はなかなか動いてくれない。いろいろな場面で泉田は県知事として、歯がゆい思いをしたことが多々あった。

地方と中央の壁を突破するため、３期１２年務めた知事の座を降り、平成２９年の衆議院総選挙に新潟５区から立候補して初当選を勝ち取った。行政経験抜群の新一年生議員の誕生である。

前任者の派閥を受け継ぐかたちで志帥会に入会

泉田の地盤である衆議院新潟５区の前任者は、旧山古志村の村長を２期務めた長島忠美だった。長島は比例北信越ブロックで２期・新潟５区で２期の当選を果たしていたものの、平成２９年８月、任期途中で脳梗塞によって急逝した。

急ぎ補欠選挙という手はずだったが、安倍総理が「国難突破解散」に打って出て、青森、愛媛、新潟５区で予定されていた補選はなくなり、総選挙が実施された。

長島は志帥会だったので、補選で動いていた泉田は志帥会の支援を受けて選挙活動を続けていたが、総選挙となったので党全体のバックアップで議席を獲得することになった。当選後は、どこの派閥にいってもよかったのだが、補選準備段階では主として志帥会の応援を受けていた。二階俊博から強力なサポートを得ていたこともあって、義理と人情でそのまま二階派に入会したと振り返った。

田中角栄の旧地盤でその偉大さを改めて確信

泉田の新潟5区は、かつて田中角栄元総理の地盤だった。角栄の時代と同じく雪国のハンディを背負い、現在では東京圏へのストロー現象で人口減にも悩まされている。高齢化、過疎化も加速していて、産業の衰退も追い打ちをかける。都市一極集中から軌道修正し、国土の均衡ある発展を図りたいと泉田は語る。

均衡とは日本中を東京にしようというのではなく、どの地域に生まれてもきちんとした教育や医療、福祉が受けられ、親子三代が安心して住める環境を整えることだという。

田中角栄はその点偉かったと泉田は話す。一部マスコミは田中角栄のことを金権政治家だとするが、正確な報道とはいえない。田中角栄は、人々が生まれた土地で教育や医療、福祉が受けられるよう、道路を通したりトンネルを掘ったりしたのだ。暮らしと生命を守ってくれたから角栄は尊敬されたのだと泉田は語る。

新潟5区選出の代議士として角栄の政治哲学を継承し、均衡ある発展をぜひ実現したいと抱負を述べた。加えて、現役の知事たちの声を中央に通す役目も担いたいと続けた。

尊敬する人物は、実質倒産状態にあった米沢藩を奇跡的に立て直した上杉鷹山だという。組織全体を活性化し再生に導いた手腕を見習いたいとのことである。また、ケインズ以前にケインズ政策を取り、世界恐慌から日本を救った戦前の高橋是清にも着目していると話した。政治哲学は「決めた心をまっしぐら」で、日本再建に邁進したいと力強く語った。

泉田裕彦は、すぐれた政治家としての資質がある。新潟県知事としての12年間の仕事は高く評価されるべきだと思う。社会的責任感が強い。倫理面でもすぐれている。その知的能力は抜群だ。泉田は、日本の将来を担うことのでき

る将来性ある有力政治家の一人である。

大きな仕事は、たった一人ではできない。政治はチームの仕事である。泉田が今後、日本の政治の主役になるためには、複数のパートナーが必要である。泉田が、いま取り組むべきは、将来を見据えてのチームづくりである。卓越した能力の持ち主であっても、一人では大きな仕事はむずかしい。泉田は、国家を支えるような大きな仕事ができる逸材である。大成してほしいと私は思う。志帥会の幹部に要請したい。泉田を大成させるために、泉田に働く場を与えることを。

上杉鷹山、高橋是清、田中角栄——泉田は、これら偉大なる先達に並ぶ能力と可能性を備えていると私は思う。

私は、泉田が二階俊博、伊吹文明という二人の先輩から政治の極意を学んでほしいと願う。その時、日本国民は上杉鷹山、高橋是清、田中角栄と並ぶ国民的リーダーを持つ可能性がある。

繁本護

しげもと・まもる

昭和47年12月26日兵庫県生まれ。家族・妻、一男、二女。選挙区・京都府第二選挙区（左京・東山・山科）近畿ブロック当選一回。平成9年神戸大学大学院修了（建設工学）、運輸省入省、国土交通省北海道開発局港湾事務所長、釧路市港湾空港部長、平成22年衆議院議員伊東良孝政策担当秘書、平成29年第48回衆議院議員総選挙初当選。自民党厚生労働部会副部長、港湾議員連盟。

国土交通省の官僚として国づくりに励んだ

繁本護は、世の中に貢献できる仕事がしたいと考え、運輸省（現国土交通省）に入省した。国のため、国民のために努力したのだが、官僚として働きながら、わが国の行政機構が縦割りであることの限界も痛感するようになっていった。

三〇歳の頃、繁本はアメリカ留学を経験する。国際的な視野から日本の現状を考えると、どうしても行政の改革が必要ではないかと思い至った。そこで、繁本は、若手の官僚仲間に声をかけ、「霞ヶ関構造改革」を推し進める運動を開始する。1府12省庁のほぼすべての官庁から同期の仲間が集い、勉強会を開始した。

この勉強会は、きわめて真面目で真摯に日本の行政の改革を考えるものだった。約2年間の勉強会を通して、霞が関の行政機構をどう改革すべきかを詳しく研究し、提言書にまとめ上げて官邸にも提案し、実名を出しての書籍も刊行した。

その内容は、日本は明確な国家戦略をもつ必要があること、官僚を含めての働き方改革を推進すべきこと、官僚人事において政治主導の内閣人事局の創設を急ぐことなどだった。

これらの提案は、その後、具体的に実現して現在に至っている。繁本たち若手官僚の提案は具体性があり、非常にレベルの高いものだったことが、証明された。

各所で、しばしば官僚が批判されるのだが、わが国の官僚には優秀な人材が集まってきているという事実も直視しなければいけない。その優秀な官僚にどう働いてもらうかが、政治の重要な役割だといえよう。

釧路に転勤となり国土交通行政の第一線で働く

国土交通省は構成員が非常に多く、その担当範囲も広い大きな省庁である。それまで中央官庁のみの経験だった繁本は、釧路に転勤することになり、最前線で国土交通行政に携わることになった。繁本は、釧路で貴重な経験を重ねることができた。

繁本は国土交通省北海道開発局港湾事務所長として、現場の実情を知る。港湾事業が、地域経済・産業・雇用・生活・文化・歴史に深く関わるインフラ整備であり、地域の人々と膝を交えて共に努力していくところに仕事の醍醐味を感じていた。

ちょうどその頃、私は、私のライフワークの一つである港湾事業の視察のために釧路を訪れたことがあった。その時、私を案内して詳しく説明にあたってくれたのが、港湾事務所長の繁本だった。若くて元気がよく、なにより誠実である。印象的だったのは、繁本が地元の人たちと非常によい関係を築いていたことだ。地元民は繁本を「中央官庁から一時的にやってきた腰掛け官僚」と見ているのではなく、「釧路に骨を埋めてくれる救世主だ」ととらえていたのだ。繁本の働きぶりは、それほど際立っていた。

釧路で繁本は運命的な人物に出会う。当時の釧路市長・伊東良孝である。伊東は繁本に惚れ込み、釧路市役所に港湾空港部を創設し、繁本を部長として招いた。繁本は、国土交通省から出向して伊東の元で働いた。繁本が政治家への道を意識したのはこの頃からだ。

国会議員秘書を経て衆議院議員選挙に挑戦

ところが、釧路市長だった伊東が北海道7区から衆議院に立候補し、自民党が下野せざるを得ない苦しい状況のなか、当選を果たす。繁本は、国土交通省に辞表を提出し、伊東の政策秘書となった。そして6年半、伊東の背を見ながら秘書を務めた。

2017年第48回衆議院議員選挙にあたり、京都2区から自由民主党候補がいないので、繁本に

第２回しげもとまもる政経セミナー
(2019.12.2　於：グランドプリンスホテル京都)

立ってくれないかという話が出る。この選挙区には前原誠司がいる。前原は選挙ではずっと圧勝していた。無謀な挑戦だとの声もあったが、繁本は、「前原さんなら、相手として不足はない」とチャレンジを決意。前原は繁本が国土交通省に辞表を出したときの国交大臣だった。人の縁というものは不思議だ。結果は、小選挙区では前原に及ばなかったが、比例近畿ブロックでの初当選を果たした。

　衆議院議員となった繁本が、伊東の属する志帥会の門をたたくのは当然だった。志帥会で、二階・伊吹・河村といった先輩の薫陶を受け、順調に政治家としての修業をつづけている。繁本の近い目標は、選挙において前原に勝つことだが、その日もそう遠くはない。

現在日本は歴史的な大転換期にある。１９７０年代の石油危機のなかで英国と米国で起きた新自由主義革命が全世界に広がり、自由競争至上主義・「官から民へ」・小さな政府の樹立の流れが全世界を覆った。競争至上主義は社会を分断し貧富の差を拡大させた。小さな政府への移行により、医療、社会資本などの公共部分は衰退した。

この状況で新型コロナウィルス・クライシスが起き、全世界を直撃した。人類社会は深刻な危機に直面している。この大危機を乗り切るためには、新自由主義・小さな政府に代わる新しい社会システムを構築する必要がある。この歴史的課題に取り組むには、新しい人材が必要である。この時に、繁本護が登場した。繁本こそが新時代のリーダーにふさわしい。

繁本は、新自由主義・「今だけ、金だけ、自分だけ」政治路線のエースだった前原を乗り越える最良の政治家だ。繁本は、時代おくれとなった前原に代わって新時代のエースへの道を進む、と私は期待している。繁本が京都２区の主になることを祈る。

中曽根康隆

なかそね・やすたか

慶應義塾大学卒業後、米国コロンビア大学大学院で国際関係修士号を取得。帰国後、JPモルガン証券㈱にて金融法人担当営業に従事するが、政治の世界を志すことを決意し同社を退職。父である中曽根弘文参議院議員の秘書となり、群馬県内で4年間秘書として勤務。2017年に行われた衆議院総選挙において群馬1区での出馬を表明するが、党内での候補者調整が難航。やむなく比例北関東ブロックから出馬し、初当選。

政治家一家に生まれたが故の苦労もしている

中曽根康隆は、父が参議院議員の中曽根弘文、祖父が元総理大臣の中曽根康弘という政治家一家に生を受けた。康隆が生まれた年に祖父・中曽根康弘は総理大臣に就任した。0歳から5歳まで祖父は総理大臣であり、康隆が物心ついた時には父も参議院議員になっていた。康隆にとって、政治はきわめて身近なものであった。

中曽根康隆は、大学生の頃からずっと父の選挙活動を手伝ったり、父の代理として多くの家を訪問し挨拶回りをしていた。そうしたなかで、群馬の人たちのおかげで祖父も父も、そして自分もあるのだと痛感したという。群馬の人たちに恩返しをしたいという思いが政治家を志す原点だった。

しかし、父・弘文は、政治家になりたいという康隆に「政治は甘いものではない。政界に入ることは考えるな」と反対したという。父の反対を押し切って、勤めていた会社を退職し、父の秘書を務めるところから康隆の政治修業が始まった。

その後、祖父の地盤である群馬4区からの出馬ではなく、自身の住む群馬1区からの出馬を目指したが、2014年、2017年共に自由民主党の公認候補として小選挙区からの立候補をすることができなかった。結局、自由民主党内での調整がつかず、康隆は２０１７年に比例北関東ブロックで立候補。初当選を果たし、志帥会に属した。

群馬における中曽根家は、福田家、小渕家などとともに群馬政界家族の名門中の名門である。その中曽根家の直系、元総理の孫なのだが、選挙区をまだ獲得できていない。三代目だからと決められたレールがあるわけではない。康隆は群馬生まれでも、群馬で育ったわけでもない。父の秘書になった時から前橋に移り住み、ゼロから仲間づくりを始め、徐々に知り合い・支援者を増やしていく活動を自力でつづけてきた。

苦労して群馬1区のあらゆるところに後援会をつくってもらえるところまで、ようやくこぎつけることができた。

祖父・中曽根康弘は、初当選の康隆を「群馬の皆さんに愛される政治家になりなさい」と励ましたという。祖父の教えを忠実に実践している康隆である。

明確な政治課題を定め持続可能な国づくりをめざす

中曽根康隆は、持続可能な国づくりをしなければいけないと考えている。戦後の焼け野原だった日本が、経済成長を果たし、欧米に追いつけ・追い越せという時代から、少子高齢化・人口減少という深刻な事態のなかで、今までの仕組みや制度を根本から考え直していく必要がある。その最たるものが社会保障制度改革や働き方改革、そして憲法改正である。人々の連携という観点でも、従来の地域における自治会なども、あと２０年から３０年もしないうちに機能しなくなるかもしれない。ＩｏＴやＡＩ、５Ｇといった最新テクノロジーをしっかり活用して、地域が持続できる社会構築をしていきたいと語る。

そして外交である。米国も中国も、いつまでも覇権国家でいられるわけではなく、日本は国際社会のなかで、確固たる存在感をしめし、「さすが日本だ」と信頼される国にしていきたいというのが、中曽根康隆の考えだ。日本がアジアのリーダーとして、何ができるのか、何をすべきなのかを政治家として責任をもって対峙したいと語る。

幼い頃から祖父・中曽根康弘と身近に接してきた康隆にとって、大政治家・中曽根康弘の影響は非常に大きいだろう。康弘は海外出張の際に康隆をしばしば同行させ勉強をさせた。祖父の教えを胸に、実力政治家に育っていくため、きびしい現実に立ち向かうため、中曽根康隆は、たゆまぬ努力をつづけている。

祖父・中曽根康弘元総理に初当選の報告をする中曽根康隆

中曽根家三代——動の初代＝康弘・静の二代目＝弘文・激動の三代目＝康隆

中曽根康隆の祖父・康弘は、戦後日本で議会制民主主義が始まった１９４７（昭和２２）年の衆院選で初当選した。同期には総理となった田中角栄、鈴木善幸がいた。５年後、福田赳夫が政界入りしライバルとなった。

中曽根康弘は早くから注目される存在となり、河野一郎らとともに吉田茂らと戦った。河野一郎なき後は自ら派閥を率いた。知恵と度胸できびしい派閥抗争を勝ち抜き、１９８２年に中曽根内閣をつくることに成功した。１９８０年代は中曽根康弘の時代だった。康弘は超大物総理となった。

二代目の弘文は「静」を貫いた。弘文は人徳があり誰からも好かれ、文部大臣、外務大臣、参議院予算委員長、参議院議院運営委員長、党参議院議員会長などを歴任した。いまは良識の府・参議院のシンボル的存在である。

三代目の康隆は激動の政治家人生に挑戦している。当面は群馬1区での立候補と勝利をめざす。きびしい戦いになることは避けられない。しかし康隆は、あえてきびしい道を選ぶ。小選挙区で自由民主党同士が戦うことは、長期政権でゆるんだ自由民主党の惰性を打破する一歩になると思う。康隆は自民党に活を入れる役割を自ら担う。

あえて戦いの道を選ぶ三代目の強い決意は、大いに評価されるべきである。力強い新人政治家の登場に期待したい。康隆は、祖父・康弘を超える激しい情熱をもった政治家に成長するバイタリティをもっているように感ずる。

康隆には良き師が三人いる。父・弘文は紳士道の師となる。伊吹文明は知性ある政治家への師となる。二階俊博は「政治の術」と「汗をかくこと」の大切さを教える師だ。康隆が三人の師の教えを身につけた時、群馬県は、新たな国民的政治リーダーをまた輩出することになる。康隆への期待は大きい。

出畑実

でばた・みのる

昭和25（1950）年山口県下関市生まれ。昭和48年成蹊大学経済学部卒業、同年4月ゼネラル石油㈱入社。平成12年10月東燃ゼネラル石油㈱早期退職。その後、（財）国民政治協会千葉県支部事務局長就任。令和元年9月に第48回衆議院議員総選挙比例代表南関東ブロックから繰り上げ当選を果たす。

全衆議院議員のなかで最もフレッシュな国民目線の議員が誕生

出畑実は、令和元年に衆議院議員に就任した。その経緯は、出畑は第46回衆議院議員選挙に自由民主党山梨県連の要請を受け、南関東ブロックの比例代表として立候補し、続く第47回・第48回にも千葉県連の依頼を受け比例名簿に名を連ねた。第48回総選挙では、次点となっていた。

令和元年9月12日宮川典子衆議院議員の死去に伴い、自由民主党の比例名簿に基づき、同年9月27日、出畑実の繰り上げ当選となった。出畑は、すぐに志帥会に入会し、二階俊博の元で衆議院議員としての活動を開始した。

前職議員の急逝という突発的な事態から、衆議院議員に就任することになった出畑だが、もともとは石油販売会社の営業職として勤務し、その後もサラリーマン生活を送ってきた。それから、自由民主党の政治資金団体である国民政治協会千葉県支部事務局長に就任し、政党活動の縁の下の力持ちとして政治活動を支えてきた。

期せずして、出畑は、現職衆議院議員のなかで最も最近に議員となったことになる。その意味では、国民の目線で立ち、フレッシュな感性をもって熱心に議員としての活動に励んでいる。出畑の強みは、サラリーマン生活が長く、国民一般の意識と自らの価値観がきわめて近いことではないかと思う。

また、国民生活の実情に通じ、それをさらに高めていくことのできる豊かな識見を持つのが出畑だ。様々な人の多様な意見に耳を傾ける心の広さと、自分の考えをしっかりと持つ心の強さを感じ取ることができる。そしてついに、「驕ることなく臆することなく」を意識し、国民の意見と自分の考えを実現させるための真の政治家の道を歩みだした。

まっすぐに前進あるのみ。信義誠実の原則をもとに政治家自身が国民意識を乖離しないことが不可欠だ。

政治家育成機能を存分に発揮している志帥会

比例名簿に自らの名が登載され、次点であることは認識していても、前職議員の急逝という思わぬ事態から議員となった出畑実にとって、衆議院議員として活動を開始するにあたり、戸惑うことも多かったと思われる。そんな出畑をサポートしたのが、志帥会だった。

出畑は語る。

「政治資金団体の仕事をしていましたので、政治のことが何もわからなかったわけではないのですが、国会議員として仕事をするにあたり、何をどうすべきかという核心部分は志帥会で多くの先輩議員から直接、間接に学ばせていただいています。とくに、最高顧問の伊吹文明先生のお話を定期的にお伺いできることは、私にとって大きな財産です。毎回、貴重な講話を一つずつ深く心に刻ませていただいています。また、二階俊博会長からも気軽にお声をかけていただき、大いに励みになっています」

派閥が果たす役割として、こうした政治家育成機能は大きな要素でなければならないのだが、現実は必ずしもそうではない。単なる数合わせであったり、議員親睦が集団の活動主体であったりする例も珍しくない。

しかし、志帥会は違う。頻繁に会を催し、伊吹文明や二階俊博の講話を早朝から聞いて勉強を怠らない。他に多い、「研修という名のゴルフ」などは、これまで一度もないという。

志帥会の研修会も特徴がある。時には、場所を海外に移して研修会を催すことがある。私もオブザーバーとして志帥会の海外研修会に参加したことがあるが、朝から晩までしっかりと研修日程が組まれ、参加者にとって非常によい勉強の機会となっている。

支援者の皆さんと国会見学

出畑も議員スタートが六九歳という遅い出発とはなったが、志帥会のすぐれた先輩議員に揉まれながら、力のある働ける国会議員としての一歩を歩み始めているように思われる。

自由民主党は平均的な国民意識に近づきつつある

いま、志帥会のメンバーと会って痛感することだが、私が初めて自由民主党取材に着手した１９７０年代初期の政治家と比べると、際立った違いがある。約五十年前の自民党衆議院議員のなかに、長期間サラリーマン生活を経験した議員はほとんどいなかった。多くの衆議院議員は、官僚出身者、地方議員経験者、有力政治家秘書出身者などだった。一部に民間企業出身者もいることはいたが、それらは有力企業の経営者出身だった。

しかし、今は違う。長い間、ごく普通のサラリーマン生活を経験した議員も少なくない。

このことは、自由民主党が、平均的な国民意識に近づいていることを意味する。残念ながら、大マスコミはこの厳粛な事実を知ってか知らずか報道しようとしない。「自由民主党の候補者・支持者は富裕層に限定される」という固定観念から少しも脱していないのだ。

出畑実は、平均的な国民意識をもつ一人である。自由民主党は、実質的に国民に近づいてきているのだ。

西川公也

にしかわ・こうや

昭和17年、栃木県氏家町（現さくら市）に生まれる。昭和42年に東京農工大学大学院を修了し、栃木県庁職員となる。昭和54年、栃木県議会議員初当選、平成5年には県議会議長に就任。平成8年衆議院議員に初当選。以降、平成18年に衆議院農林水産委員長、平成26年に農林水産大臣（第56・57代）、平成28年衆議院TPP特別委員長を歴任。党においては一貫して農林、通商分野において重責を担う。平成29年より内閣官房参与（現職）。

交渉の達人として難題ＴＰＰを成功に導く

西川公也といえば、ＴＰＰを日本に有利な形で着地させた鮮やかな政治手腕が記憶に新しい。平成25年、安倍総理からＴＰＰ「交渉参加」の取りまとめを頼まれた。当時、農業団体の反対は凄まじく、自民党内にも反対の声が響きわたっていた。「あなたしかいない」と強く要請され、自由民主党ＴＰＰ対策委員会の委員長を引き受けたのである。

最初の難題は、米国が要求してきた牛肉の大幅関税引き下げだった。米国を牽制するには同じく牛肉生産国のオーストラリアと組むのが最善の道だ。そう判断した西川は、単身オーストラリアに飛んだ。だが豪もしたたかで、生肉に加え冷凍肉、冷蔵肉の一律関税引き下げを求めてきた。これでは日本の牛肉生産業は壊滅する。とても飲めない。

ここからが西川の真骨頂だった。引いたり押したりの交渉の末、想定内の関税引き下げ幅で豪と締結する。さらにニュージーランド、ベトナム、シンガポール、メキシコ、カナダほかと各品目の交渉を重ね、強硬派アメリカの外堀を埋めていった。

その成果を手に難敵アメリカに乗り込んだ。交渉相手の米通商代表部フローマン代表は明らかに焦っていたが、それでも法外な要求を突きつけてきた。こと新薬の特許存続期間の問題はまったく譲歩する姿勢が見られない。米は１２年、一方、オーストラリアやニュージーランド等は5年を主張し、決裂は時間の問題と思えた。

西川は秘策に打って出た。米には新薬実証期間の３年をつけて8年とし、他の国には実証期間３年を差し引いた5年と説明。これならフローマンも背後にいる製薬会社に説明できるし、各国の了承も得られる。絶妙な落としどころで交渉を成功に導いたのである。

交渉ごとの舞台裏で発揮された西川の知略

すぐれたネゴシエーターぶりは、ＷＴＯ（世界貿易機関）の交渉でも発揮された。ＷＴＯの場で、諸外国から日本の農産品の市場を開放しろとの要求が激しくなり、協定を求める動きが活発化した。国際的な農業コングロマリットの意向を受けてのものである。

西川はコングロマリットがドイツで開いていた秘密会議の場に乗り込み、協定の推進を牽制した。さらにインドのナート商工大臣を味方に引き入れ、協議を決裂に追い込んだ。結局、身体を張った西川の活躍で農産品の関税は下げられず、日本の農業は守られたのである。

郵政民営化の影の立役者も西川であると思う。内閣府副大臣だった西川は自民党議員の動向を調べ、民営化に反対する議員を一人ひとり説得してまわったという。相手の考えを転換させるのだから、さぞかし骨の折れる仕事だったろう。しかし、西川は持ち前の粘りと、その人柄で対話をつづけた。そんなこともあり、衆議院選では特定郵便局長会からは非難の的となり、辛い選挙戦を戦わなければならなかった。

ＥＵとの経済連携協定でも、手腕を買われて交渉の窓口に立つ。当時、日本からＥＵには豚肉、鶏肉、乳製品、卵の畜産４品目が輸出できない事態が続いていた。日本の衛生基準が低いという誤解が理由だった。西川はイタリアの首席交渉官に、手土産として桐箱入りのカステラを渡した。

そして次に会ったときに感想を聞き、「うまかった」と答えを引き出すと、首席交渉官に、「日本の卵は世界一の品質で、それがカステラに使われている」と畳みかけた。見事な交渉術である。なかなか日本の政治家にはできないことだ。

この西川の交渉により畜産４品目の輸出解禁が決まった。ＥＵとの経済連携協定は西川によって、豊かな果実と化したのであった。

米通商代表部フローマン代表と西川公也

中国への農産物輸出入交渉に全力で邁進中

衆議院議員を6期務め、農林水産大臣も担った西川は、目下、民間の立場に身を置く。そんな西川の抜群の交渉力と政治経験を放っておくのはもったいないと、官邸から内閣官房参与に任命され、議員時代と変わらず様々な交渉ごとや政務に取り組んでいる。

現在、担っている仕事のひとつは、二階俊博が進める中国との農産物輸出入交渉のサポートだ。すでに9回も中国に渡って会議を重ね、牛肉の輸出に関してはひとまずの道筋をつけた。さらに農産物の輸出拡大に尽力するつもりだ。特に力を入れているのがコメだという。いまは、わずか数百トンしか日本から輸出できていないのだが、規制撤廃が実現すれば、中国は夢の市場になると西川は語る。なんといっても人口が多い。これが現実となれば、日本の農業は有力な販路を得ることになり、たちまち生き返ると目を輝かせた。常に日本の農林水産業やそこに従事する人々のことを考えている西川である。

ただ、福島原発事故の影響を問題視され、福島を含めた1都9県の農産物は中国から輸入停止措置が講じられている。この障壁を取り払い、1都9県の農産物の輸出促進を実現させるのが、自分に課せられた宿題だと西川はいった。困難だが、西川ならやり遂げるだろう。

国民の多くが知らないが、西川は数々の交渉で黒衣になって日本の農業を支えてきた。栃木県議として政治の世界に飛び込んでから40年余。農業のために尽力していただいたことはありがたいことである。私は真摯な気持ちで西川に感謝の言葉を捧げたい。

日本国民は農業をもっと大切にしなければならない。日本の未来は、農業が発展するか否かにかかっていると思う。いまの日本にとって西川公也は、真に大切な存在である。西川の益々の活躍を祈る。

中曽根弘文

なかそね・ひろふみ

昭和20年群馬県高崎市生まれ、慶應義塾大学卒業、旭化成工業勤務、昭和61年参議院議員に当選（六回）、通産政務次官、商工委員長、議院運営委員長、文部大臣・科学技術庁長官、内閣総理大臣補佐官、裁判官弾劾裁判所裁判長、予算委員長、外務大臣、参議院自民党議員会長、教育基本法に関する特別委員長、情報監視審査会会長（現在）、幼児教育議員連盟会長、青少年健全育成調査会会長、日本陸上競技連盟評議員会議長、日本ホッケー協会会長、日本武道館理事　他。

長年にわたって国政の第一線で働きつづけている

中曽根弘文は、1歳の時から、父・中曽根康弘は国会議員であり、政治は身近な環境で育った。だが、中曽根はとくに政治家をめざすつもりはなく、大学を卒業して民間会社にサラリーマンとして勤務していた。会社に入って15年ほど経ったとき、父・中曽根康弘が総理大臣に就任した。父が国の最高責任者になった以上、身内ができる範囲で父を手伝うべきだと考え、会社を辞めて総理大臣秘書となった。総理大臣の父に伴って、サミットをはじめ数多くの国際会議や外交の場に同行した。

そして、1986年に行われた衆参同時選挙で参議院選挙に群馬選挙区から立候補して初当選を果たす。教育問題に関心をもっていた中曽根は、小渕恵三再改造内閣・第一次森喜朗内閣で文部大臣に就任する。文部大臣在任中に小渕元総理の悲願であった教育基本法の改正に取り組み、2006年12月には教育基本法に関する特命委員長として成立に尽力した。

また、初当選以来、文化・芸術・スポーツの振興や青少年の健全育成に一貫して力を入れてきた。2008年には麻生太郎内閣で外務大臣に抜擢され、折からのリーマンショックを契機としての「G20（20カ国財務相・中央銀行総裁会議）」の発足や「日中韓3カ国首脳定期会合」の初の開催の実現に麻生総理と共に尽力した。

こうした外交に関わってきた経験から、「やはり大切なのは議員外交である」と痛感したという。議員同士が忌憚のない意見を交換し合うことが大事だと感じ、中曽根は日米、ＡＳＥＡＮ、メキシコ、ポーランド、モロッコ等、数多くの国との友好議員連盟の会長を務めている。

日本政界最高の紳士

紳士とは「品格があって礼儀正しい男子」（岩波国語辞典第８版）のことである。中曽根弘文は、私が知る限り、政界最高の紳士である。常に静かで、冷静である。しっかりとして自己の信念と強靭な精神力を持ちながらも、これを表に出すことはない。つねに謙虚で誠実である。

二十年ほど前、群馬県の自由民主党の政経セミナーに講師として招かれたことがあった。修了後のパーティーに出席した。群馬県を選挙区にもつ衆参両院議員が顔を揃えていた。終了時、地方議員や一般の党員や支持者が帰る時、国会議員に挨拶してから会場を出る。この模様を見ていると、全員が丁寧に挨拶した国会議員が一人だけいた。それが中曽根弘文参議院議員だった。

ベテラン事務局員に聞くと「弘文さんは誰からも尊敬されています。謙虚な性格で誰からも好かれています。父親の康弘総理も人柄のよいひとでしたが、中選挙区制のもとで他陣営と戦いましたから、すべての人から好かれることはなかったのですが、弘文さんは参議院議員です。敵はいません。高潔な人格者として誰からも尊敬されているのです」

中曽根康弘総理の秘書官を務めた上和田義彦（故人）は、私によく言った。

「中曽根総理は偉大な政治家ですが、家族の皆さんも立派です。とくに弘文さんは静かに目立たぬよう父親を支えています。大変よくできた人です。動の康弘総理・静の弘文です」

中曽根弘文は、参議院の良心と言っても過言ではないと思う。

保守政治家の不屈の楽天主義

1976年12月5日の第34回衆議院議員総選挙で中曽根康弘は苦戦した。いつも1位か2位で当選してきたが、この時は最下位の4位だった。次点との差は約3千票。中曽根陣営の幹部は、「危ないところだった。ここで負けたら引退に追い込まれたかもしれない」と私に語った。この直後、私は月刊誌『現代』（講談社）編集部から中曽根康弘論百枚の執筆を求められた。私は中曽根康弘にインタビューした。遠慮なくきびしい質問を浴びせた。

ヒラリー・クリントン米国国務長官と中曽根弘文

中曽根康弘も必死だった。激しい言葉のやり取りとなった。『現代』編集部は、中曽根対森田の論戦は面白いから、そのまま雑誌に掲載すると決めた。中曽根康弘論の最後を私は、「中曽根康弘の野望いまだ衰えず」との言葉で締めくくった。私はできた雑誌を直ちに中曽根事務所へ届けた。

二、三日後、封書が届いた。「中曽根康弘」とあった。達筆である。巻紙に書かれた長い手紙だった。最後にこう書かれていた――「激励してくれたことを心から感謝する」。私が書いた「中曽根康弘の野望いまだ衰えず」を激励と受け取ってくれたのだった。このあと中曽根康弘主催のパーティーの招待状が来るようになり、親しくなった。

私は中曽根康弘ときびしく論争したつもりだったが、

相手は「激励」として受け取ったのだった。保守政治家のスケールの大きさを知った。弘文は、この精神の継承者である。

中曽根康弘総理の功績の一つは、日本の国際的地位を飛躍的に高めたことだった。1980年代に米国ウイリアムズバーグサミットの中継を見ていたら、サミットの中心に中曽根総理の姿があった。いつもは端にいる日本の総理が主役のレーガン大統領の隣にいて、話しながら歩いている。中曽根総理がレーガン米大統領、サッチャー英首相と並ぶ世界のトップリーダーの一人としてみられるようになった。

中曽根総理は、若い時から英語の勉強をしていた。風呂の中で英語放送を聞いて英語力を磨いた。こうした努力を積み重ねた結果、世界で活躍できるようになった。

中曽根弘文は、この努力を惜しまない父親の勤勉さを相続している。中曽根弘文の紳士性、謙虚さ、勤勉さは、日本政界の貴重な財産である。

衛藤晟一

えとう・せいいち

昭和22年、大分市生まれ。大分大卒。大分市議、県議を経て平成2年、衆議院議員初当選。4期の間、運輸政務次官、厚労委員長、厚労副大臣等歴任。平成19年の参議院議員選挙（比例代表）で当選。現在3期目。自民党政調会長代理、自民党障害児者問題調査会会長、内閣総理大臣補佐官等歴任。現在、一億総活躍担当大臣・領土問題担当大臣・内閣府特命担当大臣（沖縄及び北方対策・消費者及び食品安全・少子化対策・海　洋政策）

人の役にたつ人間になりたいと政治を志す

大分県に生まれ育った衛藤晟一は、きわめて元気な少年だったという。自ら「暴れん坊だった」と述懐するが、父から「弱い者いじめはするな」と戒められていた。高校一年生の春、病弱だった母親が亡くなった。病院に見舞いに行った際、母親は「何か人の役に立つことをやってもらいたい」と言った。母親のこの言葉が、政治を志す出発点になった。

その後、父の事業の失敗もあり、地元の大分大学に進み、大学ではサッカーと自治会活動に参加する。学園正常化を掲げ、激動の学生運動のなかで衛藤は、戦後体制の打破、日米安保、憲法の問題などを真剣に考えたという。

大学を卒業し、２５歳の時、大分市議会議員に立候補した。そして市議会議員2期目の中途で大分県議会議員に立候補して初当選をかざった。この時、３１歳という若さで県議会議員となった衛藤は、市議会議員のころから手がけていた同和行政の正常化に真正面から取り組んだ。不合理な差別に対して、衛藤は、差別で苦しむ人々のために身を粉にして戦い抜き、とうとう「大分県方式」と呼ばれる正常化のシステムをつくりあげることに成功した。同時に、市議会議員当時から関与していた障害者の問題についても真剣に取り組み、障害者福祉、障害者の社会進出などを支援する活動が、その後の衛藤のライフワークとなった。

そのきっかけは、ボランティアで障害者のお世話をしていた時に聞いた障害児を抱えるお母さんの、「実はこの子の障害が判った時、この子を殺して自分も死のうと何度考えたか分からない。しかし今は、この子と共に生きようと決意し育てているが、この子の働く場所がない。自分たち親がいなくなった後のことを考えると、この子を自立させ、将来ともに安心できる施設が欲しい」という言葉だった。

そして県会議員を２期務めた後、平成２年の衆議院議員選挙で初当選を果たし、衆議院議員となった。以降、衆議院議員選挙に３期連続当選したが、２０００年には落選の試練を経験した。その後、衆議院議員に復活し、通算衆議院を４期務めた。

さらに２００７年の参議院議員選挙では比例区から立候補し、衛藤は２０万票余を獲得して当選した。その後、２回の参議院議員選挙で当選を重ね、衆議院４期、参議院３期、通算２５年余におよぶ国会議員としての活動を続けてきた。２０２０年２月には参議院本会議において衛藤は、永年在職議員表彰を受けた。

衛藤晟一

実力政治家として着実に仕事を実践し、現在は大臣として活躍

25年間の国会議員生活のなかで、衛藤は人々のために自分に何ができるかを常に自問しつつ、着実に仕事をこなしてきた。平成6年から3期連続で自民党の社会部会長を務め、介護保険の導入に主体的に取り組んで実現させた。介護保険は、自助・公助だけでなく、共助を強化させて長期的な国民課題に対応できるようにした功績は大きい。

また、衛藤のライフワークのひとつでもある障害者福祉についても精力的に取り組んできた。一時、衛藤は落選中ではあったが、政府与党と障害者団体との調整に走り回り、危機に瀕していた障害者自立支援法を無事にスタートさせた。この過程において衛藤が、縁の下の力持ちとして、各方面との調整をはかり努力したことを評価する人は多い。

さらに第二次安倍政権の成立とともに総理補佐官に就任し、6年8ヶ月に亘って補佐官を務め、その力量を発揮した。2019年秋からは、内閣府特命担当大臣（沖縄及び北方対策、消費者及び食品安全、少子化対策、海洋政策）一億総活躍担当、領土問題担当大臣として初入閣を果たし、政府の中枢でさまざまな問題の対応にあたっている。

総合的な少子化対策に取り組む

少子化問題は、わが国が抱える最大の課題である。出生率の水準が今のままで推移するなら、百年後には日本の人口が４千万人台になってしまうという深刻な状況にある。そのような状況にもかかわらず、大臣就任時は、１０月に消費税財源を活用した幼児教育無償化の実現などを控えたタイミングであり、政府内の雰囲気は、「少子化対策は一段落した」というものであった。少子化問題の根深さを知悉していた衛藤は、就任直後から少子化の要因分析とともに、従来型の延長に留まらない政策の検討を事務方に指示し、教育無償化の先を見据えた抜本的な少子化対策の姿を描いてきた。

そのような中、年末には2019年の出生数が統計開始以来最低の86万人台となる見込みとなったことが、「86万ショック」として衝撃をもって受け止められた。衛藤はこれを少子化対策の検討状況と併せて直ちに総理に報告し、「希望出生率1・8に向けた道筋を示すものとなるように」との指示を総理から改めて取り付け、年明けから政府内外を含め精力的に調整を行ってきた。

2020年5月29日、結婚支援、育児休業給付金の充実を始めとする仕事と子育てを両立できる環境の整備、地域・社会による子育て支援、児童手当の充実を始めとする多子世帯への支援、不妊治療への支援など、総合的な少子化対策を盛り込んだ大綱が閣議決定された。いずれも実効性があり具体的な方策であると思う。閣議では、総理から「この大綱は希望出生率1・8を実現するための具体的な道筋を示すもの」という高い評価とともに、大綱に基づく施策の速やかな具体化・実施について全閣僚に指示があった。閣議で総理からここまで踏み込んだ発言が行われることは稀であり、政策に造詣が深く、実行力のある衛藤ならではの大綱として、政府内外で受け止められているという。

衛藤は「誠実に勝る知恵なし」（ディズレリー）を実践している。衛藤の誠実一筋の政治家人生に敬意を表したい。

鶴保庸介

つるほ・ようすけ

昭和42（1967）年大阪府大阪市生まれ。東京大学法学部卒。代議士秘書を経て、1998年参議院議員選挙で和歌山選挙区より立候補し、当時最年少の31歳で初当選、現在4期目。内閣府特命担当大臣、国土交通大臣政務官、参議院厚生労働委員長、参議院決算委員長、参議院議院運営委員長、国土交通副大臣、参議院自民党政策審議会長等を歴任。

沖縄返還に尽力した若泉敬から託された思い

鶴保庸介は、一本芯の通った好漢である。明朗で他者への思いやりがある。平成１０年以来、参議院選挙で４期連続当選を果たしている。平成２８年には初入閣し、内閣府特命担当大臣を務めた。次代のリーダーをうかがう逸材であり、初当選時に世話になった、同じ和歌山県を地盤とする二階俊博には長く薫陶を受け、いまや二階の懐刀である。

政治家を目指した原点は、東京大学で若泉敬から国際政治学を学んだことだった。若泉は佐藤栄作首相の密使として米国に派遣され、沖縄返還交渉において重要な役割を演じた国際政治学者である。「遺言のつもりで聞いてほしい。君たちの世代が頑張らないと、この国は滅ぶ。この国を頼む」。そんな言葉に胸を打たれ、鶴保は政治の道を志した。

東大を卒業すると小沢一郎の秘書になった。２９歳になったとき、ふいに小沢から一月後の衆院選に出ろといわれた。あまりに突然で準備もしていない。敗北は必至だ。迷った挙句に相談しようと若泉を訪ねると、その日に師は亡くなっていた。亡骸に駆け寄ると、傍らにいた方から遺言があるといわれた。「私の志を継いでほしい」――。

天命を与えられ、電撃に打たれた気になった。１か月後の平成８年の衆院選に腹を括って出馬した。落選はしたが敗北は鶴保に覚悟をもたらした。次の選挙まで死ぬ気でやる。平成１０年、参院和歌山選挙区で議席を確保する。３１歳の当選は当時の最年少記録だった。

若泉は今でも沖縄で尊敬されている。内閣府特命担当大臣になって所管の沖縄を訪れた際、鶴保が若泉の弟子だとわかると、沖縄の人たちが後援会をつくってくれた。当時、沖縄に後援会をもっていたのは小渕恵三、橋本龍太郎、野中広務、古賀誠、二階俊博ら超大物ばかり。師の偉大さを改めて知り、身が震えたと鶴保は述懐する。

課題に向かって全力でぶつかり続けた２０年余

鶴保の議員生活も２０年を超える。この間、様々な役職に就き、重要な仕事をこなしてきた。アイデアマンらしく、参院議院運営委員長のときにはユニークな子ども国会を開いたりして話題をよんだ。参院の合区の問題でも検討委員会を設け手腕を発揮している。

印象に残る仕事は、国土交通副大臣時代に訪日客１０００万人を達成したことだという。当時は観光など産業でも何でもないという雰囲気で、産業として認知させるため、インバウンドを１０００万人の大台に乗せ、関心を呼ぼうと戦略を立てた。そのためにビザの発給条件を緩和、免税店を整備したり、道路標識を英語表記に替えたりもした。それらが奏功しての成果であり、その後の訪日客急拡大の礎を築いた。

国交省の政務官の時、空き家問題が深刻化しつつあった。そこで空き家を担保に銀行が金を貸すリバースモーゲージを導入しようとしたが、うまくいかない。副大臣として10数年ぶりに国交省に戻ると、空き家対策は何も進展せずの状態で、机を叩いて役人を動かし、リバースモーゲージなど諸策を導入したのも記憶に鮮明だと振り返った。

規制や慣例に縛られている現状を打破したい

科学技術も所管する内閣府特命担当大臣時代には、新技術を用いてビジネスを始める企業や研究開発団体を支援するため、「サイエンス&イノベーション・インテグレーション協議会（S&II）」を立ち上げた。環境を整備し、公的機関が優先的に随意契約を結んでバックアップするなど、新産業を育てる重要な取り組みである。とはいえ、在任中に完全に軌道に乗せることができず、今後も積極的に関わり続けたいと鶴保は述べる。

木の国 和歌山 紀州材展 in 自民党本部

そして、日本は新しいことに対し、その芽を摘むかのごとく規制や慣例が立ち塞がり、身動きが取れない閉塞状況に陥っていると語った。そんな状況の打開策の一環としてのＳ＆ＩＩではあったが、前例主義に凝り固まった役所の動きは鈍い。

日本には人的資源しかないといわれるが、知恵だとか能力といった重要なもののプライオリティが低く、むしろスポイルされている気がしてならないと続けた。かつて若泉が語った、「このままでは日本は滅ぶ」という警句ゆえの危機感だろう。規制や慣例などに縛られず、これをやりたい、あれもやりたいと躍り出てくる人たちを優遇する国づくりをしていきたいと結んだ。

志帥会事務局長の永井等は、非常にすぐれた政界ウォッチャーである。永井は鶴保についてこう語った。

「参議院当選4回の参議院自民党の重鎮であるが、まだ53歳。将来の参議院は鶴保の手腕にかかっているといっても過言ではない。口調は穏やかだが一流の論客で、問題点を見抜く力は抜群だ。一方、親しみやすく参議院の中では兄貴的存在で後輩から慕われている。周囲に惑わされず参議院の新しい時代を創ってほしいと願う」

さすが、永井である。よく見ている。

じつは、私は鶴保を以前から知っている。鶴保が衆議院にいれば、誰もが認める有力総理候補である。鶴保は知的にも人格的にもずば抜けた逸材である。参議院にいるため「鶴保総理」の声は出ていないが、鶴保は第一級のすぐれた政治家である。たとえ参議院にいても日本の政界を担うことはできる高い能力の持ち主である。師の二階俊博とともに歩みつづけてほしい。

鶴保は、ポスト二階時代がきた時、大きな飛躍の時が訪れるかもしれない。さらなる精進を忘れず大きく成長してほしい。

片山さつき

かたやま・さつき

1982年東京大学法学部卒、大蔵省入省。広島国税局海田税務署長（西日本初の女性税務署長）、国際金融局課長補佐（G7代表団）、主計局主計官（女性初）などを経て、2005年第44回衆議院議員総選挙で初当選。2010年、2016年、参議院議員選挙（全国比例区）当選。第4次安倍改造内閣では内閣府特命担当大臣として入閣し、地方創生、まち・ひと・しごと創生、規制改革、男女共同参画、女性活躍の分野を担当。

財務官僚から政界に進出するが道は険しかった

片山さつきは、大蔵省（現財務省）にキャリア官僚として入省した。配属されたのは主税局だった。フランス国立行政学院への留学などを経て、2004年には女性初の主計局主計官に抜擢された。翌年、国際極開発機関課長に就任した。

官僚としての軌跡をみれば、その能力が並外れたものであることがわかる。そのまま財務省に在籍していたとするなら、トップ官僚となったことは確実であろう。事実、片山と入省同期の中から事務次官や国税庁長官、金融庁長官に就任した者がいる。

2005年、財務省を退官して衆議院議員選挙に立候補し、政治家への転身の道を歩みはじめる。政治家としての片山さつきが歩んできた道は、けっして平坦ではなかった。

片山が最初に立候補したのは静岡県浜松市・湖西市などを含む静岡7区だった。片山は自由民主党公認候補ではあったが、自由民主党籍を有する現役議員がいた選挙区であり、大接戦の末、初当選を果たした。しかし、次の2009年衆議院議員選挙では自由民主党公認候補ながら前回破った保守系無所属候補に敗北を喫し、比例復活もかなわなかった。

１１カ月の雌伏の時を過ごし、２０１０年参議院議員選挙で自由民主党の全国比例区で立候補し最高得票数を獲得して参議院議員となる。２０１６年にも比例区高順位で当選し、現在、参議院議員２期目を務める。片山の政治家人生は、けっして順風満帆なものではないのだが、その苦難が政治家としての力を培い、成長の糧となった。片山は不屈の精神の持ち主である。

初入閣を果たし大臣として実力を発揮

２０１８年秋、片山は第４次安倍改造内閣で内閣府特命担当大臣（地方創生・規制改革・男女共同参画）及び女性活躍担当大臣に就任する。満を持しての初入閣であった。

片山は、この内閣で唯一の女性閣僚であり、２０１９年、新天皇即位に伴う「剣璽等承継の儀」に史上初めて女性として出席した。官僚としてだけではなく政治家としても、「女性初」の冠が付されるのは、ある意味で秀才の片山さつきらしいところだ。

大臣としての片山の活躍は目をみはるものがあった。片山を閣僚に抜擢した大きな理由は、行政官としての経験から行政の隅々まで熟知し、かつ財政についても詳しいからであった。同時に大変な勉強家であり、政策通である。ＩＴやＡＩの活用についても詳しく、最新テクノロジーを現実社会でどのように利用していくべきかについて数多くの有益な政策を提言し、それらを一つずつ実現の方向に結びつけていった。その一例は、ＩＴを活用した遠隔教育の推進や医師がＩＴを用いて遠隔診療を容認することだった。さまざまな障害もあったが粘り強く取り組んだ。それが、今回のコロナ禍においては、現実的に機能したことは広く知られるところである。

片山は、外国語が堪能である。閣僚として数多くの国際会議や海外との折衝にあたって、通訳を交えずに自分の考えを国際舞台で堂々と発表してきた。新しい時代の政治指導者としてこの卓越した片山の語学力は、大きな武器となる。

そして、地味ではあるが片山が熱心に取り組んだのがＤＶ（ドメスティック・バイオレンス・家庭内暴力）対策である。とくに子供への虐待について、以前は厚生労働大臣の取扱事項だったのだが、子供虐待の場合、例外なく母親も虐待を受けている現実を鋭く指摘し、片山は女性活躍担当大臣として閣僚会議に加わって、ＤＶ対策シェルターの予算獲得にも尽力したのであった。

こうした恵まれざる人々に温かい気配りができ、それを政策に反映していけるところに片山の政治家としての円熟味と成長の跡を感じる。

女性政治家のトップランナーとして大活躍の可能性がある

片山さつきは、その歩んできた道が示すように、さまざまな所で「女性初」と称され、女性のトップランナーとして活躍してきた。それだけに、まだまだ男性中心社会である日本では片山の行く手に障害は多い。しかし、女性の活躍なしに日本の発展はありえない。

現在の世界で女性政治家のトップランナーはドイツのメルケルであるが、片山は高い知性、倫理力、政策実行能力のすべての点においてメルケルに匹敵する力量をもっている。自由民主党は片山をポスト安倍の最有力候補にすべきだと私は思う。

2005年に政界入りして以後の片山の政治家としての軌跡をみると、政治家として着実に進化し

令和元年５月１日　剣璽等承継の儀

ている。片山は忍耐強く人の話に耳を傾けるようになった。最初の頃は自身の優秀さを積極的に示そうとする傾向もあったが、今は大きく変わった。ありあまるほどの才を抑える術をおぼえた。謙虚になり誠実さが増し、政治家として重さと厚みができた。これが政治家としての信頼につながり、周囲の協力を得られるようになった。

片山が「日本のメルケル」になる日は遠くないと思う。

片山は参議院議員だが、参議院議員を自由民主党総裁・内閣総理大臣に選出しても何の問題もない。片山は二階俊博の指導を受けるようになってから、政治家としての幅と厚みと奥行きを身につけた。片山は、もともと知性において卓越した能力の持ち主である。政治家になって十数年経つが、人間的に大きくなってきた。

片山がすべての日本国民を抱擁する人間としての幅を身につけたとき、「片山さつき内閣」が登場するだろう。片山の健闘を祈る。

三木亨

みき・とおる

昭和42年7月10日徳島県吉野川市(旧麻植郡山川町)生まれ。川田小学校、徳島文理中学・高等学校、中央大学法学部卒業。(株)丸本入社。平成19年徳島県議会議員(二期)。平成25年参議院選挙初当選(徳島選挙区)平成28年財務大臣政務官就任。令和元年参議院選挙二期目当選(比例代表特定枠)。現在、参院自民党国会対策副委員長、参議院では環境委理事、地方創生及び消費者問題に関する特別委理事、決算委に所属。

国政参加は育ててもらった地元徳島への恩返し

三木亨の祖父・熊二は徳島県会議員、父・申三は同県会議員を経て徳島県知事と、三木は政治家一家に育った。幼い頃から政治に接してきたから政治家の道を選んだと人は思うだろうが、政治の世界には近づきたくないと子どもの頃から考えていたと明かす。政治家には当選落選はつきものだし、支援者たちが出入りすることで平穏な家庭生活とは無縁になる。「政治家は嫌だ」は、実は多くの二世、三世議員に共通する心情ともいえる。

ことに徳島は、かつて三木武夫と後藤田正晴が選挙で激しく争った「阿波戦争」の舞台である。父・申三は反三木武夫派の重鎮で政争の当事者の一人だっただけに、ぎらついた世界から距離を置きたいという、若者らしい潔癖さが根底にはあったのかもしれない。

そんなことから、政治に背を向けるように地元企業の大阪支店に勤務した。しかし社会人として過ごすうち、しだいに市民の立場から見た政治の重要性に気づくようになる。そんな折、故郷の人々から県会議員選挙に出てほしいという要請が届く。それに対し、自分に何かできることがあるのではないか。故郷に恩返しをしたいという気持ちが湧いたと話す。

平成１９年の県議会選挙で当選し、政治家としての一歩を踏み出した。その後、平成２５年の参議院選挙で初出馬ながら議席を得る。祖父、父が挑んでもなし遂げられなかった国政参加の夢をかなえた格好だ。現在、三木は参議院議員として2期目を迎えている。

豊臣秀長のようにスーパー黒衣を目指したい

尊敬する人物を聞いたとき、まず名を挙げたのが祖父の熊二だった。熊二は医者をしながら県会議員を務めたが、県をまたいで流れる吉野川の水利権の紛争解決に奔走した人である。議会を通さずに当時の知事が勝手に決めた他県に有利な妥協案に抗議し、「川の医者」と呼ばれて、徳島の住民から尊敬を集めた。地元では非常に有名である。

川の分水、治水は現代に通じる問題であり、国土強靭化とも密接に関わる。三木亨は、祖父から託されたテーマとして終生取り組む課題と決めている。国土強靭化が叫ばれる今、三木に追い風が吹いているように思う。

なお、三木は歴史ファンだが、豊臣秀吉の実弟である豊臣秀長に興味をもっているという。派手好きの兄秀吉に隠れて目立たず、歴史好き以外にはあまり知られていないが、政務一式を切り盛りし、豊臣政権の屋台骨を一人背負っていたのは秀長だった。

　秀長が急な病で没した後、歯止めを失った秀吉は、甥の関白秀次を自害に追い込むなど、数々の愚行を犯すようになった。どうやら三木は、縁の下の力持ちなど裏方的な人物に好意を抱き、それを自分の生き方に重ねているようだ。スポットライトの当たる華やかな舞台に立つよりも、黒衣に徹して尽力したい――。さらに、こうも続けた。

「それを実際にやっておられるのが林幹雄先生（衆院9期）だと思います。いつかはあんな存在になりたい。善き手本であり、志帥会の大先輩として目標にする人物の一人です」

　三木の母方の叔父の奥さんと、志帥会の創設者の一人でもある村上正邦の奥さんが姉妹という縁から、当選後に村上に挨拶にいくと、「一度、志帥会で勉強してみてはどうか」と入会を勧められたのだという。とはいえ、まだ右も左もわからない状態で判断も下せず、様子見ということで、いろんな会派や派閥の話を聞いてまわり、各種の勉強会に足を運んだ。その過程で、二階俊博、伊吹文明、中曽根弘文らの話に大変感銘を受け、人材の抱負さと会の懐の深さを知ったと告げる。

　他派閥は親睦を兼ねた要素が色濃いものなのに、志帥会は違う。日々、政策研究・勉強漬けであることに驚いた。知識欲旺盛なメンバーばかりで、政治的案件に関して、とにかく勉強、勉強というの

二階幹事長を筆頭に志帥会同志の議員団で四国横断自動車道の進捗状況を視察（2017年8月 徳島市）

が志帥会の特色だとよくわかったと語る。

政治家としての力量を培いたいと願っていた三木は、まさに政治家修業の場にわが身を置こうという気持ちで、志帥会の一員となった。

等身大の政治を語り本質を見抜く眼力がある

サラリーマン生活を送っていただけに、等身大の政治を語れる政治家である。豊臣秀長が好きだというように、スタンドプレーに走る人でもない。三木のような政治家こそ、複雑な調整能力が求められるこれからの時代に、いっそう存在感を増していくことだろう。

今回、三木が語った「林幹雄先生を尊敬している。

いつか林幹雄先生のようになりたい」という言葉に、私は強い印象を受けた。つねに人の後ろに回って、その人を支えるという役割を自ら望んで引き受けるという生き方は非常に貴いものだと、私は思う。

志帥会トップの二階俊博幹事長は安倍政権のナンバー2に徹して自公連立政権を支える役割を果たしている。この二階俊博を志帥会ナンバー2の林幹雄が支えている。私は林幹雄を心底から尊敬している。林幹雄はつねに二階俊博の隣にいて二階を守っている。林幹雄は二階を絶対に一人にしない。林幹雄は誠実さの固まりである。

三木亨は、この林幹雄と同じ生き方をしようというのだ。林幹雄の偉大さを理解するのは、じつはそう容易ではない。地味で目立たないなかに本質を見抜く眼力がなければなしえない。強い信念がなければできないことだ。三木は、偉い人物である。志帥会から、三木のような第二、第三の「林幹雄」が陸続と出てくることを望む。

進藤金日子

しんどう・かねひこ

1963（昭和38）年7月7日生。秋田県協和町（現大仙市）出身。1986（昭和61）年3月、岩手大学農学部農業土木学科卒、同年4月農林水産省入省、元農水省農村振興局中山間地域振興課長、技術士（農業部門）。2016（平成28）年7月10日第24回参議院議員通常選挙で初当選。総務大臣政務官兼内閣府大臣政務官。

住んでいた農村で土地改良の劇的効果を体験

全国土地改良政治連盟をバックに、平成２８年の参議院議員通常選挙に自民党全国比例区から出馬して初当選した。令和元年には志帥会同志の宮崎雅夫が、全国土地改良政治連盟から参院全国比例区に立候補し、こちらも当選して参議院議員となっている。

進藤金日子は秋田県の農家の４人兄弟の次男である。昭和５０年代、進藤が育った農村に土地改良が施され、細切れだった農地が成型されて大型農業機械が使えるようになった。これにより農業生産は飛躍的に高まり、一体的に道路も整備されて村は一変した。それを中学生の進藤は実感し、土地改良の素晴らしさに目覚めた。こうした経験も踏まえ、岩手大学農学部農業土木学科に進学したのである。学生時代に、三重県御浜町の国営開拓建設事務所において実習したことがきっかけとなり農林水産省を目指すことになった。

大学卒業後、農林水産省に志望通り入省できた。そして本省を基点に全国各地をまわり、農業は基礎となる水と土からなる基盤を整備しないと経営的に成り立たないビジネスだということを痛感させられたそうだ。土地改良の大切さの再認識である。南米チリに大使館書記官として派遣され、農業に加え林業や水産業についても担当し、その実務を通じて第一次産業の全般について、現場での経験を積むことができ、守備範囲が広がった。

現場を経験した進藤は、農林水産省では土地改良予算を取りまとめる部署の係長、そして課長補佐に就く。ここで予算の構造だとか、効果的な事業執行のノウハウを身につけた。

土地改良事業団体を代表して国会議員になる

平成21年、自民党が下野し政権交代が起きた。土地改良予算は民主党政権によって3分の1にまで激減された。当時、農水省関東農政局の課長をしていた進藤は唖然とする。予算が足りなくなって現場はまわらなくなり、数多くの事業が進まなくなった。農業自体が立ちゆかなくなると、各地からは不満の声がいっせいに挙がった。

民主党の悪政は3年で終わって自民党が政権に復帰するが、予算はある程度増やされたものの、かつてよりも少なくなっていた。すぐに予算額が元のレベルに戻るものではない。徐々に増やしていくしかないので。これでは事業展開がうまくいかない。そんな折、全国土地改良事業団体連合会の会長だった二階俊博から、こんなことをいわれた。

「土地改良の人たちは予算が削られたからといって、何をメソメソしているのか。必要だったら手を挙げて発言し、振り向いてもらわないとダメだ。闘う土地改良を目指せ」

さらに二階は、6年間空白だった土地改良からの代表による参議院の議席奪回をすべきだとし、それによる予算回復の道筋を土地改良関係者に示したそうだ。きわめて具体的で、すぐに実践すべき方途を二階は示したのだった。

結局、農水官僚の中から進藤が選ばれ、全国土地改良政治連盟の推薦を受け、農業の現場の苦しみを政治の力で解決したいと、参議院選の全国比例区に出馬することになった。

当選後、自分たちに激を飛ばした、全国土地改良事業団体連合会の会長である二階のもとにいくのは自然な流れであり、農政において、国会議員としての任務を遂行できる可能性の高い志帥会に入ることには迷いがなかったと、進藤は振り返る。

食料の安全保障の確立に政治生命をかけたい

政治家として国民の「食」に責任をもち、食の安全保障を進めていきたいと抱負を語った。食料の自給率は年々下がっていて、それは食料生産基盤の衰退化に直結する。農業従事者の高齢化が進行し、

整備予定の水田で関係者と意見交換

若者の参入が増えない現状に加え、自給率低下と相まって農業自体の低下を招いてしまえば、国民に食料を安定的に供給する機能が著しく弱体化する。

土地改良の促進を通じて農業生産力を向上させ、次の世代にバトンタッチしていくことを政策の中心に置き、日々活動していると進藤はいう。それに加え、食品表示の問題や環境問題、水や物質の循環問題なども担っていかなくてはならないと決意を述べた。

国連ではＳＤＧｓを掲げて取り組んでいるが、進藤は食料問題と深くリンクするテーマだと指摘する。畏敬の念をもって自然と向き合ってきた日本の美徳を思い出してもらい、循環の問題をより多くの人々に意識してもらうよう、鋭意努力中だと続けた。学生時代から農業の現場に接し、農林水産省において広く知識と経験を重ねてきた進藤が、日本国内だけでなく国際的にも活躍する舞台に登場しようとしている。

進藤は、作家の吉川英治がいっていた「我以外皆我師」という言葉が好きだそうだ。自分はまだ力不足であり、まわりの議員たちや会った農家の方たちすべてを師匠だと思い、いろいろ吸収していきたいと率直に話した。ことに志帥会では、先輩議員たちから学ぶべきことが多いと語った。非常に謙虚で誠実な人間である。

コロナ問題を災い転じて福となすためには、大都会から地方に人々を移転させる必要があると私は考えている。農業は、人々の食料を供給するだけではなく、貴重な自然を日常的に守っていくことにもつながる。広い意味では、国土強靭化の一環を担うのが農業である。そのためには、日本の農業復興は喫緊の課題であり、現場で農業のことをよく知る専門家の進藤金日子には大いに活躍してもらいたいと思っている。

宮崎雅夫

みやざき・まさお

昭和38（1963）年兵庫県神戸市生まれ。昭和62（1987）年神戸大学農学部卒業後、農林水産省入省。構造改善局のほか、在ベトナム日本国大使館二等書記官、熊本県農村計画・技術管理課長、農村振興局地域整備課長などを経て退官。令和元（2019）年参議院議員通常選挙全国比例で初当選、農林水産委員会、決算委員会等委員。党運動本部農林水産関係団体副委員長、党新聞出版局次長など。東京都江東区在住。

農業振興の期待を担う土地改良事業のプロ

宮崎雅夫

農林水産省で長年土地改良事業に携わった宮崎雅夫は、その手腕を買われ、土地改良の代表者として自民党から政界入りを打診された。令和元年7月に実施された参議院選挙に初出馬し、全国比例で当選し、参議院議員となった。

本人は駆け出しの一年生議員だと謙遜するが、土地改良のプロフェッショナルであるからこそ白羽の矢が立ったのである。とはいえ、宮崎自身は立候補を求められるまで、国会議員になるなど露ほども思わなかったというから、人生は異なものだ。

土地改良とは農地の整備や灌漑などを指し、農業農村政策の根幹をなす。農業農村を根底から支える非常に重要な施策である。土地改良事業の専門家を自民党が担ぎ出した背景には、農政に対する危機感があった。平成21年9月、民主党鳩山由紀夫政権が成立すると、土地改良事業の予算は大幅にカットされてしまった。これによりいくつもの重要な事業がストップし、役人として現場にいた宮崎は、「悪夢以上だった」と当時を振り返る。

不当に予算が削減されてしまった理由として、当時、業界団体を代表する国会議員がいなかったことも挙げられた。平成28年の参議院選挙で進藤金日子が初当選し、続いて宮崎が議席を得たことで両輪体制が確立することになった。二人の活躍もあって土地改良事業の大切さが再認識されるようになり、予算も少しずつかつての規模にもどりつつある。

農業農村の抜本的再建なくして明日の日本はない

大学も農学部を卒業し、また農水省に30年勤務し、宮崎自身も農家出身だけに農業のことはある程度わかっているつもりでいた。しかし選挙準備で地球8周30万キロ以上、全国をまわって直接農家に話を聞くと、地域の風土の違いによって、様々な農業のあり方があることを痛感させられた。もちろん国会議員として全体への目配りは欠かせないが、それぞれの地域に即したきめ細かな対応が今後いっそう求められると宮崎は続ける。

日本の農業は危機的状況にある。食料自給率は低下し、農業人口の減少に加え従事者の高齢化も猛烈な勢いで進む。データによると従事者の平均年齢は60代後半とされ、もはや高齢者が担う産業になってしまった。10年を待たずとも、産業や地域自体が消滅する事態もありうるのではないか。私はこの状態を大いに危惧している。

ポストコロナの課題の一つは脱・東京、脱・一極集中だが、たとえ意欲ある若者が地方への移住を望んだとしても、仕事の受け皿となるべき農業がこれでは心もとない。自然災害も多発し、食料の安全保障の面でも自給率を上げていく必要があり、農業の強化が焦眉の急となっている。宮崎のような農政のプロの発言に、もっともっと耳を傾ける必要があるだろう。農業農村を本当に強くすることが広い意味での国土強靭化にもつながるのだ。

土地改良事業は地味で、縁の下の力持ち的な仕事だ。だが、この事業への理解を深めるため努力を惜しまないと話す宮崎に、私は頼もしさを覚えた。

沖縄県知事だった島田叡に政治家の覚悟を学ぶ

宮崎の尊敬する人物は、終戦間際に沖縄県の知事を務めた島田叡だという。知事が公選ではなかった時代で、内務省から辞令を受けた島田は、命を捨てるのに等しいと止める周囲の声に抗し、米軍の上陸が迫っていた沖縄に単身乗り込む。住民のために必死に食料を調達し、上陸想定地から遠い県北部への住民疎開にも熱心に取り組んだ。軍部の首里城からの撤退に際しては、住民に犠牲が広がると身を挺して抗議した。最期は防空壕で亡くなったが、今でも沖縄県民から崇敬を集めている人物であ

栃木県被災地調査

る。

　島田は宮崎の出身高校、兵庫県立兵庫高等学校の大先輩で、同校では島田について語り伝えられてきたという。学校の敷地内には島田を顕彰する「合掌の碑」もあるそうだ。公職にある者の責任の重さと覚悟を島田から学んだと宮崎は結んだ。ちなみに、島田を主人公にした映画の撮影が始まっているとのことである。

　宮崎が志帥会に入ったのは、全国土地改良事業団体連合会の会長が二階俊博で、その縁からだったが、二階は宮崎の能力を高く評価していると思う。宮崎は二階の期待も背負っている。参議院議院選挙に打って出るとき、掲げたモットーは「土地改良・農山漁村は未来への礎」だったが、その初心を忘れることなく、日本の将来のために全身全霊で頑張ってほしい。

宮崎雅夫

私の愛読書の『老子』の五十九章に「人を治め天に事《つか》うるは嗇《しょく》に若くはなし」という言葉がある。「嗇」とは寮費を少なくする、ムダを切り捨てる、つつましくするという意味だ。直訳すれば、「つつましい政治が最良だ」ということだ。「農夫」という意味もある。自給自足の農村経済が理想だと老子は言っている、と私は解釈している。

今の政治は「都市の政治」である。浪費の政治である。「農村型のつつましい生き方」を忘れてしまっている。こんなことをつづけていれば人類に未来はないと私は日頃から感じている。都市は「農村の生き方」を失ってはならないのだ。

２００９年末、鳩山民主党政権が土地改良事業の予算を大幅カットした時、私は「民主党政権はダメだ」と思い、民主党政権批判に踏み切った。農業を軽視する政治に未来はない。今こそ、農業の復興に真剣に取り組まなければならないと思う。農業と農政に広く深く通暁した宮崎雅夫が、国政において、その実力を遺憾なく発揮してほしいと願う。

岩本剛人

いわもと・つよひと

昭和39年、北海道札幌市生まれ。札幌市立清田高等学校、淑徳大学社会福祉学科卒業後、石狩開発株式会社に入社。その後、平成11年北海道議会議員に初当選し、以後、連続5期当選を続ける。20年北海道議会運営委員長、23年食と観光対策特別委員長ほか、自民党道連においては、23年に幹事長また、北海道体操連盟会長や、北海道車いすテニス協会会長、札幌市ソフトボール協会会長など公職多数。令和元年参議院選挙で初当選を果たす。

あえぐ北海道の再生のために乾坤一擲の出馬

岩本剛人は、令和元年7月の参議院選挙で初当選した一年生議員である。だが、岩本剛人は北海道議会議員を連続5期20年、自民党道連幹事長も務めたキャリアを有する。地方議員として長年活動してきた経験は、国政でも遺憾なく発揮されるだろう。

そもそも北海道の岩本家は政治家一族だった。祖父・政一は道議会議長を経て参議院議員、父・允は道議会議長、伯父・政光も道議会議員から参議院議員を務めた。そんな家に生まれながら、岩本本人は政治家になるつもりは毛頭なく、33歳までサラリーマンをしていた。政治家は厳しい仕事であることを身近で見て知っていたからでもあった。

ところが地域から熱心な要請があり、期待に応えなくては男じゃないと立候補し、道議会議員になった。やはり流れる政治家の血ということなのだろう。

道議を20年担って身に染みたのは、地方議会の限界だったという。北海道は人口減少も著しく、財政面でも大きな問題を抱える。地方自治体が単独で地域振興を進めていくのは難しい。政治家は市民のために仕事をし、住民に喜んでもらうことが本旨だと考える岩本は、北海道のために働きたい、これが最後の勝負だ、との決断のもと国政進出の道を選んだ。

勝負は吉と出て当選したが、それは岩本が２０年間地方議員として、一生懸命にやってきたことに対する、道民たちからの信任の証しといっていい。

地道な努力を重ねて「北海道時代」を築きたい

参院選に出馬するとき、政治の力で北海道が再生できれば、全国の成功モデルになれるのではないか――。岩本はそんな夢を抱いていたという。石炭・鉄鋼産業の衰退や夕張市の財政破綻、中核となる北海道拓殖銀行の倒産など、北海道は辛酸を嘗めてきた。そこに加速する少子高齢化が拍車をかける。

一方、北海道新幹線が函館まで開通し、「ビジット・ジャパン」キャンペーンにより、海外からの観光客も３０００万人を数えるに至った。しかし、そんな明るい兆しを吹き消したのが今回の新型コロナウィルス禍である。北海道は再びどん底に落とされた観もある。

とはいえ、百年に一度ともいわれる窮状を脱するのは政治の力であり、今ほど政治家の真価が試される時代もない。岩本も当然わかっていて、粉骨砕身の努力を惜しまないつもりだと決意を述べた。「努力は裏切らない」を座右の銘にする岩本だけに、よりいっそうの精進を重ねることだろう。

北海道は食糧供給基地であり、日本の発展に欠かせないと岩本は語る。そして「北海道の一次産業を強くしていくことが、国力増強につながると信じている」と続けた。これだけ魅力に富んだ大地なのである。時間はかかっても「北海道時代」はやってくると私は確信する。北海道時代推進の担い手として、岩本には大いなる活躍を望みたい。

誠実で謙虚な人柄が人々の信頼を勝ち得た

岩本は、私欲のない人である。道議のままでいれば栄誉ある議長職はもはや指定席だったのに、それをあっさり投げうって参議院選に出馬した。参議院議員となれば、相当の苦労をするであろうことも覚悟の上での出馬であった。

インタビューで自分についてふれた際にも、「身の程はわかっていて、天下国家を語れるような能

力もない」と謙遜するが、けっしてそうではない。広い視野と知性は一流である。自身の生き方としては「政治家である前に、一社会人としてきちんとした人間でありたい」と率直に述べた。この誠実で謙虚な姿が北海道の人たちの信頼を得た。道民の願いに長年寄り添い、道民に近い場所で政治を行ってきた証左ともいえ、その謙虚さに好感を抱くのは私だけではないだろう。

　だが、謙虚さは人間の美徳だが、政治には力強く突き進む突破力も欠かせない。永田町と地元の温度差を感じている岩本だけに、声を大きくして北海道の窮状を主張し、理解を求めていってくれるだろう。

　所属する志帥会には多士済々な人材がそろう。一年生だから球拾いに徹しろという派閥でもないし、個人の発信を尊重する善き伝統もある。志師会という極めて恵まれた環境に身を置いているわけで、このネットワークを活用し、いっそうの飛躍を願うばかりである。

岩本は「ミスター北海道」になりうる資質をもった政治家である。ポスト・コロナは大変革の時代だ。これから百年後、二百年後の日本のあり方を議論し、長期的視野にたった「新日本建設」に着手しなければならない時である。「新日本」においては北海道が日本の中心にならなければならない。大いなる価値が北海道にはある。「自然に帰る」ことに取り組まなければならない。真の国際化を達成しなければならない。

このためには北海道を日本の中心に位置づけるべきであろう。江戸時代以後の日本政府は、北海道に対し過った対応をしてきた。今、この過去をきびしく反省し、北海道を主柱とする日本人への大改造に着手しなければならない。

百年後、二百年後を見据えた大改革の先頭に立つことができるのは、「ミスター北海道」になりうる資質をもつ岩本剛人である。私は、岩本に大いに期待している。

清水真人

しみず・まさと

昭和50年2月26日、群馬県高崎市生。東京農業大学第二高等学校卒業、明治学院大学経済学部卒業。高崎市議会議員（当選2回）・第78代高崎市議会副議長。群馬県議会議員（当選2回）。参議院議員（当選1回）。群馬県ボウリング連盟会長・群馬県私立幼稚園・こども園PTA連合会顧問・ライオンズクラブ国際協会333D地区第3R第2Z元ZC。趣味：読書、将棋、スポーツ全般。好物：冷やしたぬき蕎麦。

初戦でいきなり選挙強さを発揮した強力新人として国政に

令和元年の参議院選挙で、初出馬ながら群馬県選挙区で議席を得た。二世、三世議員ではなく、自力で議員バッチを手にした将来を嘱望される期待の新人である。

父親が中曽根康弘の熱心な支持者で、その縁で大学生の時に議員会館の中曽根事務所に出入りするようになった。事務所で雑用をするうちに政治家の仕事の大切さを実感するようになる。

清水が生まれ育った群馬県は中曽根康弘、福田赳夫、小渕恵三、福田康夫と4人の総理大臣を輩出した土地だ。それだけに、人々が政治家を見る目も肥えていて、政治意識も高い。政治と暮らしが密接な関係を保っている。清水も、小さい頃から政治に関心をもって育った。そのため政治家を目指すことに、特別な感慨を覚えなかったという。

とはいえ、一足飛びに国会議員になれるわけもない。まずは自分の足元からということで、28歳のときに高崎市議会議員選挙に立候補し、史上最年少で議席を獲得した。市議会議員になると、すぐに市議会で頭角を現し、30代で副議長の重責を担う。2期8年間職務をまっとうした後は県議会に活躍の場を移し、ここでも2期8年県議を務めた。

群馬県では山本一太が参院選で連続当選してきた。だが、山本が知事に転身することになり、自由民主党で候補者の公募が行われた。多くの県議から支援されて予備選を勝ち上がり、正式な候補者として自由民主党の公認候補となった。そして二人の野党候補者に圧倒的な票数差をつけ、定員1名の群馬県選挙区で清水が勝ち名乗りを挙げたのである。

国土強靭化を二階に学び郷土の強靭化を担っていきたい

実は清水の父親・武義も、かつて中曽根康弘から強く要請され、政治家の道を歩もうとしたことがあった。しかし父は、経営する会社の手抜きは許されず、大変迷った挙句、二足の草鞋をあきらめざるを得なかった。清水はそんな父の夢をかなえたことになる。

中曽根康弘事務所に長らく関わっていたこともあり、当選後、躊躇なく中曽根派をルーツにする志帥会に入会した。選択に迷いはなかったという。

選挙区とする群馬は自然豊かで災害にも強い地だが、近年の自然災害はその根底を覆す勢いである。安心安全な地域づくりは地方議員時代からの清水の課題であった。災害から守るといえば国土強靭化である。国土強靭化は二階俊博が強力なリーダーシップで推し進めていて、その意味からも二階が率いる志帥会入りは、自らに課したテーマ追求の当然の帰結といえる。二階のもとで力をつけ、愛する群馬の強靭化計画を自分の手でしっかりと推進していきたいと清水は考えた。だから、志帥会に入ることは当然の帰結でもあった。

志帥会に入会して、清水が驚いたのは、実に多士済々なメンバーが集結していることだった。メンバーは個性豊かである。ベテランも若手もいる。それぞれが専門分野を追求する先輩たちからは、学べることが多く、刺激に満ちていると清水は話す。

ちなみに、令和元年の参議院選挙では、自由民主党は8名の新人を当選させた。そのうち半数の4名が居場所を求め、志帥会の門をたたいた。志帥会は非常に素晴らしい勉強の場である――。派閥というより、「政治道場」として、有為な人材が集まる場である。そんな評判が政治を志す者たちに定着している証しといえるだろう。

人々の声を地道に聞いてまわり中央に届ける

群馬は農業が盛んな地域で、コンニャクや下仁田ネギ、嬬恋のキャベツは全国区の農産品だ。最近では豚や上州牛も認知度を上げ、ヨーロッパでも人気を博しているそうだ。群馬の農林水産業を守る

二階幹事長とともに八ッ場ダム視察

のは選出議員の責務だと考える清水は、農林水産系の党の部会にも積極的に参加をし、課題解決に向けて取り組んでいる。

また、選挙中に県内をまわり、群馬の思いをしっかり国に届ける使命を再確認したと話す。まずは地道に、地元に根差した課題を中央に上げる役目に邁進したいと強調する。すでに清水のもとには、多くの地元の声が届いている。清水は、群馬の人々の期待に応え、国政の場において人々の生活に根ざした政治、地元とのパイプを活かした政治、若い世代の思いを実現できる政治を実践していきたいと語る。

清水の座右の銘は、市議会議員のときから「摩頂放踵（まちょうほうしょう）」である。孟子の言葉で、訓読は「いただきをまして、くびすにいたる」だ。頭の先から踵まで擦り減らすほど人の意見を聞いてまわり、周囲のために努力する――という意味だ。まさに清水の政治姿勢とリンクする箴言といえるだろう。

群馬県は冬には身も凍る空っ風に悩まされ、夏には暑さに苦しめられる風土だとし、そこに生きる人々は粘り強さを身上とすると清水は述べる。きびしい自然が人を育てる風土でもある。１９４７年に日本が議会制民主主義制度をとって以後、群馬は前述した四人の総理大臣を輩出した。四氏とも、歴代政治家のなかで高い評価を受けている。とくに倫理面ですぐれた宰相たちだった。こうした先達の姿に学び、群馬県人らしく、政治に真摯に向かい合いたいと、清水は抱負を語った。頼もしい限りである。

清水はこうも言った。自分の力で国会議員になれたのではなく、県民の皆様、県会議員の仲間が自分たちの代表として国政に送り出してくれたもの――。この気持ちを忘れないかぎり、清水の前には洋々とした前途が開けるに違いない。

あとがき――「平和と忠恕の政治を実現するために」

志帥会事務総長の平沢勝栄からの依頼にもとづき、志帥会の全メンバーを紹介するために本書を著した。それぞれの政治家としての特徴と将来の可能性を記録するのが本書の目的である。

ここで、次の二点をお断りしておきたい。

第一に、あきもと司衆議院議員を入れなかった。あきもと司のことは「あとがき」で紹介することにし、本文中には収録しないことにした。これは、私の判断で決めた。ただ、私はあきもと司に対し、強いシンパシーを感じている。あきもと司がかつて秘書として仕えた小林興起（元衆議院議員）は、大変立派な人物であり、高い能力をもった政治家である。今も独自の立場で政治活動をつづけている。強靭な精神力と卓越した知性の持ち主である。あきもと司は、この小林興起の強い正義感と精神力の継承者である。あきもと司は、毎日毎日、地元を中心に国民の中に入り、国民の声を聴き、政治家としての責任を果たしつづけている。あきもと司の目は輝いている。あきもと司は負けていない。今の逆境をはね返すために全身全霊をかけて戦うであろう。私は、あきもと司が自らの信念を貫き、不撓不屈の精神を発揮することを期待している。

第二に、志帥会事務局の要請を受け、前議員ではあるが、いま政府において重要な仕事をしている農政の第一人者・元農水大臣の西川公也を加えた。

平沢勝栄事務総長から渡された名簿にしたがい、志帥会の全メンバーと面談したが、全員が「世のため人のため」に働く旺盛な情熱と社会的使命の持ち主であることを確認した。全員が真面目に誠実に「国民のため」の政治に取り組んでいる。ベテランも中堅も若手も国民のために一生懸命働いている。全員が独立自尊の精神を体現している。同時に、全メンバーが、二階俊博会長と伊吹文明最高顧問の二大長老を信頼し、政治の師と仰いでいる。またそれぞれが信頼すべき先輩・同志を持ち、助け合っている。そして、みな驚くほど謙虚である。

中選挙区時代の派閥は、領袖のもとに固く団結し、同志愛も強かった。昔の派閥と比べると今の派閥は、「政界仲よしクラブ」のように私には見える。しかし、二階俊博会長のもとにあるいまの志帥会は「仲よしクラブ」ではない。国民のための政治を行うという目的意識をもった同志的政策集団であり真面目な仕事師集団である。今回、本書執筆を契機に志帥会全メンバーと膝を突き合わせての対話を行い、このことを確認した。志帥会の政治家全員がやる気十分であり、実際に国民のために全力で働いている。

２０２０年１０月、私は八十八歳になる。１９５２年４月に東京の住人になってから、ほぼ七〇年が経つ。この間、多くの職業の人々と接触し交際してきたが、私は、日本国民の最も優秀な人は政界に集っていると思っている。これは私の体験にもとづく実感である。

この人間社会において、社会の構成者は、それぞれ職業を通じて社会とつながっている。

「生涯において最も大切なことは職業の選択である」と言ったのは、１７世紀の思想家パスカルである。

「職業は生活のバックボーンである」と言ったのは、１９世紀後半から２０世紀初めの哲学者ニーチェである。

人々は社会に出る時、それぞれの職業を選択する。政治家、経営者、官僚、学者、技術者、ジャーナリスト、教諭、観光業、土木建築業などなど、諸々の職業がある。私は狭い経験とはいえ、いろいろな職業の人々と接してきたが、最良の人材が最も多いのは政界だ、というのが私の体験にもとづく判断である。政治を自らの職業として選択する者は、「世のため人のため」に尽くそうと考えている。もちろん、どの職業を選択する人も「世のため人のため」を意識している。私が言いたいのは、政治家を目ざす人々のほとんどが、「世のため人のため」に一身を捧げる決意をしているという点である。

私は1960年以来今日までの六〇年間、ジャーナリズムの中で生きてきたが、日本のジャーナリストのなかに政治家に偏見を抱いている者が意外なほど多いと感じてきた。もちろん公平な考えをもつ者もいる。すべてのジャーナリストが偏見に満ちているわけではないが、日本のジャーナリズムの政治家観に正常でない歪みがある。

たとえば、政治家に関する美談とスキャンダルが同時に報道機関に入った時、ほとんどの報道機関はスキャンダル報道を優先させる。美談のニュースは報道されないことが少なくない。報道機関は、政治報道においても公平でなければならないと私は思う。

古代中国の大思想家・荀子は、「是を是と謂い、非を非と謂うを、直と曰う」と言った。ジャーナリストは荀子の教えを守るべきである。政治家への過度の偏見は改めなければならない。

志帥会の政治家はすべて、この世に「善」の実現を目ざして日夜働きつづけている。

政治は、この世に「最高善」を実現することをめざす人間の社会的活動である。

「最高善」とは、国民大衆の幸福を実現することである。

私と同世代の友人たちは、大学に入学して地方から上京する時、父親から「よい友を持て。とくに政治家と医者と弁護士を友にしなさい。よい人生を送るために――」と言われたという。医者は人間の病を治すために、政治家と弁護士は社会の病をただすために働いている。先輩たちはこのことを知っていたのである。政治家は国の宝である。

最後に、本書作成にあたり、河村建夫志帥会会長代行にとくにお世話になった。河村建夫は志帥会の縁の下の力持ちとして、二階・伊吹両長老を支え、同時に若手議員たちを鼓舞激励している。河村は温厚な人格者であり、偉大な調整者である。河村会長代行の目立たないが好意ある協力に対して謝意を表したい。

平沢勝栄事務総長、永井等事務局長、事務局の岩崎周子さん、井上和樹さんには、とくにお世話になった。感謝します。

志帥会は、現在の日本の政界において至宝というべき偉大な政治指導者の二階俊博、伊吹文明二大長老のもとにさらに強く結集した時、自公連立政権の主柱となるだけでなく、日本の新たな時代を築く中心の政治勢力に成長するであろう。

二階俊博会長（自由民主党幹事長）、伊吹文明前会長（元衆議院議長）への深い敬意をこめて、志帥会メンバーの更なる御活躍とご健康を祈りつつ、筆を措く。

令和二（二〇二〇）年六月吉日

著　者

森田 実（もりた・みのる）

1932年、静岡県伊東市生まれ。東京大学工学部卒業。日本評論社出版部長、『経済セミナー』編集長などを経て、1973年に政治評論家として独立。テレビ・ラジオ・著述・講演活動など多方面で活躍。中国・山東大学名誉教授、東日本国際大学客員教授。東日本国際大学「森田実地球文明研究所」所長。著書に『公共事業必要論』『二階俊博幹事長論』『森田実の言わねばならぬ名言１２３選』『一期一縁』『防災・減災に資する 国土強靱化政策が日本を救う！』『森田実の永田町政治に喝！』など多数。インターネットFacebookにて随時論攷を発表している。

志帥会《しすいかい》の挑戦《ちょうせん》

2020年8月25日　初版第1刷印刷
2020年8月30日　初版第1刷発行

著　者　森田　実
発行者　森下紀夫
発行所　論 創 社
東京都千代田区神田神保町2-23　北井ビル
tel. 03（3264）5254　fax. 03（3264）5232　web. http://www.ronso.co.jp/
振替口座　00160-1-155266
装幀／宗利淳一
印刷・製本／中央精版印刷　組版／フレックスアート
ISBN978-4-8460-1984-6